JN116639

ひとりじゃないよ

――倉敷発・居場所づくりから始まる障がい児の保護者支援

装画　木村友美

まえがき

振り返ればいつも、引っ越してきたばかりの街のショッピングセンターで買い物をしていた時の自分の姿が思い浮かぶ。

引っ越しに必要なもろもろの小物を、初めて来た見知らぬ街の見知らぬ店で買っている自分。忙しいからリストに書き出したものを次々買い物かごに入れて、そしてふと顔を上げた時に思ったこと。

「ここにいる人は、誰も、私のことも、私の娘のことも知らないんだ」

急にものすごい孤独感に襲われた。

周りの人は忙しく歩き回って、生活のための用事を片づけるために買い物をして立ち去っていく、現実的な光景。そんな中で、「誰にも知られていない自分」は、障がいのある子を抱えて、この街でこれから生きていかなければならない。

不安で、とても寂しかった。買い物を終えて家に戻ったら、涙があふれてきた。

引っ越しに関して泣いたのはそれ一度だけだったが、あの時の光景は今でも写真のように自分の中に残っている。

目次

第一章

団体設立から居場所にたどりつくまで

ペアレント・サポートすてっぷとは

私たちを、あえて定義づけるなら「ピア・サポート団体」ということになるだろう。「ピア」とは同じ立場の仲間のこと。つまり、何かの当事者が同じ分野の当事者を支援する、相互に支え合うことを一般的には「ピア・サポート」という。

アメリカでは「セルフ・ヘルプ（自助）グループ」として盛んな活動で、アルコールや薬物の中毒患者のグループなど、さまざまな意味での「当事者」がグループを作り、互いに支え合う。

その場合は「ミーティング」、つまり集まりがあって、その場で自分の体験や心境を話し、聞いているほうは黙ってそれを聞く。中には1対1で、「支援者」としてピアサポートするやり方もあるようだ。

それでは私たちは何かというと、そのいずれでもあり、そのいずれでもなし、といったところ。正直「私たちはピアサポートをしています！」とあまり胸を張って言える気もしない。

はっきり言えるのは、私たちは「障がい児の親」としての当事者性を持って、同じ立場の保護者を支えるための活動をしている。しかし、その活動は「ミーティング」、つまり座談会や、「ピアカウンセリング」といった1対1の対話のようなもののことだけを言っているわけではない。それらも含むが、私たちの特徴は、ＮＰＯ法人の事業としてそれをやっている、ということ。

つまり、障がい児の保護者の育児環境を良くするために行う私たちの活動は、単に自分たちが直接、相手をケアするような活動をすることだけを指すわけではなく、法人のミッションとして保護者支援の仕組みを作ることまでを目指しているのである。

私たちは、私たちのような「おかあちゃんたち」が、もっと幸せに楽しく子育てできることを願っている。もちろん、子どもに障がいがあるという状況で、あっけらかんとばかりもしていられないことは私たち自身、百も承知だ。承知だが、結局、「おかあちゃん」が幸せで笑顔でいられることは、そのお子さんが幸せで笑顔でいられることにつながる。

そして究極的に言えば、障がいのある人もない人も共に笑顔になれるような社会であれば、それは素晴らしい社会だと思う。私たちはそんな社会を作るのに、ほんの少しでも貢献したいと考えているのである。

おかあちゃんたち、集まる

私たちは元々、倉敷市にある、小・中学校の特別支援学級に在籍する児童・生徒の保護者で作られた「親の会」の役員だった。この「親の会」はとても大きい団体で、私たちが役員をやっていた当時でも会員は400人位いたと思う。

これだけの人数がいると、小さな地方都市であれば、まあまあな勢力で、どこかに何かの申し入れをする、なんていうときには結構な発言力を持つ。当時は障がい児の教育環境の改善を！　などとガンガンやっていたものだ。

私たちが役員をしていた当時、会の活動の一環として、全国から著名な専門家の先生を講師としてお招きし、講演会を何度も開催していた。そのねらいは、自分たち障がい児の親が、子どもの障がいについて、あるいは障がい児を取り巻く社会環境について、学び、理解を深める機会を作ることだった。

著名な専門の先生がたにお話ししていただくことで、ちょっとでも難しい育児の助けになれば。障がい児の育児が少しでもうまくいくようなヒントが欲しい！　または、福祉の先進地域の話を聞いて、倉敷の障がい児・者福祉の環境を改善するような学びを得たい！　そんな気持ちだったと思う。

しかし、講演会を何度も繰り返すうちに、気がついたことがあった。

（大体いつも、同じ人しか来ていない）

これは、どうしてだろう？

主催者としては、いつも素晴らしい講師の先生をお招きしている自負があった。しかも会員はそれを無料で聞ける。地方都市ではなかなか聞けないような先生のお話が聞ける貴重な機会なのに、なぜ、それをわざわざ無駄にするのか、理解できなかった。

もちろん、本当は行きたいのだけれど、たまたまその日にどうしても都合が悪い、ということもあるだろう。しかし、そう毎度毎度、開くたびに都合が悪いというのも考えにくい。みんなが来ないのには、それなりの理由があるはずだと考えるようになった。そんな中、障がい児のいる家庭を個人で支援している方（ここでは仮にKさんとさせていただく）とお話しする機会があった。

私は、みんな勉強会に出てこない、という不満をKさんに漏らした。みんな何故、障がいのあるわが子のために、もっと勉強しようとしないのか、と、私は半分怒ったように言った。

「みんな、努力が足りないと思うんですよ！」

今思えばずいぶんと傲慢な物言いで、ちょっと笑えるくらいだ。しかし当時の私は「自分はがんばっている」という自負があり、それ故に自分から見て「がんばっていない」「不熱心な」人に対するいら立ちがあった。

後々自己分析すると、当時の私は手ごたえのない育児に翻弄されながらも、「自分はがんばっている」と思うことで崩壊寸前の自尊心をなんとか支えていたのだと思う。しかし、当時はそんな客観性は持っていなかった。

ただただ、不熱心な他の保護者に対していら立っていた。ところが、そんな私に対し、Aさんは言われた。「がんばれない人もいるからね」「前向きに勉強してがんばれる人ばかりじゃないから」

正直、その時の私は、Kさんの言う意味が理解できなかった。

（がんばれないってことはダメな人ってことでしょう?）

そんな風に思っていた。しかし、後々、その言葉がじわじわと私の中で効いてくることになった。

すぐに理解できなかったのは、その時、私自身がまだ「受容」の道半ばにいたからなのだと思う。そのころは、私自身が、自分の揺れ動く気持ちと戦いながら日々過ごしていた。

「私は勉強している。私は子どものために努力している」

それだけを支えに立っていた私は、でも同時に、思うようにならない子育てに疲れきっていた。

努力しても勉強しても、それがストレートに反映されるわけではない、子育て。もちろん、人を育てるということは全般、そういうものなのだが、障がい児の場合は、輪をかけて手ごたえがない。徒労感が激しい。

そういう中で、精神的に疲れ、とげとげしくなっていた私には、自分と同じように努力できない他人のことを思いやるような余裕はなかった。

私は今、「同じ立場の人を支えたい」と言ってこられる子育て中のお母さんたちに「お子さんが小さいのに、まだ早くない？」と声をかけることがある。せっかく人の役に立ちたいと張り切っている人の気持ちに水を差すようなことをなぜ言うの？　と思われているかもしれない。

しかしそれは、自分自身がまだ自分の内面の問題を消化できていないときに、他人のケアにあたろうとすると、相手を傷つけるリスクがあると、自分の体験を通して知っているからだ。

今のお母さんたちの中でも、「自分の人生を自分でコントロールしてきた」という自負のある人に、この時の私と同じような状態に陥っている人が多いように思う。

子どもというのは、自分の思う通りには育たないので、人によっては人生で初めて、

「自分の努力だけでコントロールできないもの」にぶち当たることになる。それでもなお、この手の人たちは自分の努力でねじふせようとすることをやめられない。

ねじふせる相手は、子どもである場合もあるし、周囲のお母さんたちかもしれない。いずれにせよ、周囲の人を傷つけることになる。

そのことについては、後の章でもう少し詳しく述べようと思うが、とにかく、勉強会の主催をしていたころの私はまさに「ねじふせ系」の人間であったため、わからなかった。多くの人がなぜ積極的に学ぼうとしないのか、が。

しかし、親の会を卒業するころには、私の子育てにも余裕ができ、Kさんの言ったことの意味を考えられるようになっていた。実は、勉強会などの場に出て来られない人ほど困っているのだ、ということを。

そして、出て来られる人にだけ届くような支援では、本当に困っている人は助けられないのだ、ということも。「やっているのに、来ないほうが悪い」は、押し付けであり、ただの自己満足なのだ。もっと多くの人の手にいろんな情報や、支えとなるものを届けるには、一体どうしたらいいんだろう。

親の会を卒業して1年たった冬のある日、親の会のOBの集まりが終わった後、役員仲間だった友人2人に来てもらって、私は自分の考えを話した。

「私たちが親の会の役員をしていたとき、会を回すことに精いっぱいで、一人ひとりの会員さんの話を聞く余裕がなかったよね。それに、勉強会や行事に出て来られない人には、何もしてあげられなかった。今度は、そこを補うような活動ができたらいいかなと思って」

この時来てくれた2人のうち1人は、今、私の相棒として副理事長をしてくれている石川さんなのだが、彼女が言ってくれた。

「いいと思うよ。いつも親の会の理事会が終わった後に何人も話かけてきて、ああ、みんな本当は悩んでいることいろいろあるんだなぁって思ってたから。OGとして、私たちが、親の会にはできないところをやっていってもいいんじゃないかなぁ」

冬の日だった。くらしき健康福祉プラザの休憩スペースの、大きな窓から日が差し込んでいた。私たちは丸テーブルを囲んで、自分たちの想いを語り合った。

そうして、私たちの会は立ち上がり、活動が始まった。

単純な活動コンセプト

私たちがこの会でしようとしたことは、単純なことだった。

「自分たちも障がい児の子育てで苦労してきた。先を歩く先輩親として、若いお母さんたちが、私たちがしたような苦労をすることを、少しでも減らしたい」

その時、２０１７年。私の子どもは17歳になる年だった。コンセプトは単純だが、そう考えるに至る背景がある。

私の娘が小学校2年生のときに「支援費制度」というものが始まった。私の子育て期は支援費制度から「障がい者自立支援法」へと移り、次に「障がい者総合支援法」へと変わる過渡期に当たった。子育て中の親は制度についてはよくわからなかったが、それでも大きく子育てに影響を与えたのは、この支援費制度の導入であった。

それまで、誰がどの福祉サービスを使えるのかは、「措置制度」といって、行政が決定する仕組みになっていた。措置制度の元では、うちの娘の障がいレベルでは、ほとんどなんのサービスも利用できなかった。

しかしこれが、支援費制度の導入により劇的に変わった。希望をすれば、サービスが受けられる。サービスは個々人が選び、事業者と契約を交わすことによって利用できることになった。自分でサービスを選び取らねばならない大変さはあったものの、その気になれば使えるサービスの幅が一気に広がったのだ。

では、支援費制度の導入前は、親たちはどうしていたのかというと、サービスが無い分、自分たちで集まって、講師を招いて療育的な取り組みを子どもにしてもらったり、親子でキャンプ活動をしたり、将来のために施設見学に行ったりと、自助努力を盛んに行っていた。

ところが、支援費制度の導入によってその景色は一変した。私のように県外から来て、地元に頼れる親族がいない者であっても、サービスを利用することによって子どもを預けることができるようになり、大変な子育ての合間に息抜きをしたり、5歳下の弟を遊びに連れて行ってやる時間も作れるようになった。

私が、地縁血縁の無い土地で、自分の親兄弟の助けなしでもなんとか障がい児の子育てをやれたのは、この支援費制度のおかげによるところが大きいと思う。

しかし、契約によるサービス利用という構図は、決して良いことばかりをもたらしたわけではなかった。

「契約」によって、個々人と事業所という、点と点を線で結ぶ関係性は無数に作られるようになった。あまりに多くの人がこの制度を利用したせいで国の予算はパンクし、施行から3年後には「自立支援法」へと修正が行われたほどだ。

一方で、事業所と利用者、すなわち障がい児の親とは線で結ばれたものの、親同士、つまり「同じ立場の仲間同士」をつなぐ線が急速に弱まっていった。そのことは、私の子が中学校を卒業するころには明らかになっていた。

公的なサービスが伸びると自助努力が下火になる。このことの影響を、当時、支援費制度から障がい者総合支援法に至るさまざまな論議の中で、誰が、どれほど予想していただろうかと思う。

当時大いに問題になったのは自立支援法における「応益負担」である。すなわち障がい者が受けたサービスの分だけ利用費を負担しなければならない、重い障がいの人ほど負担金が高くなるという仕組みのことだったと記憶しているが、実はその陰で、じわりじわりと障がい児の子育て環境は変わっていった。

親たちは、もう横でつながろうとしなくなった。その代わり、「良いサービスを提供してくれる事業所」を必死で探していた。同じ立場の者同士でのつながりなど持たなくても、サービス利用さえ賢くしていれば、それなりに子育てが成立する。親たちの関心事は「良い福祉サービス事業所」「良い病院・良い医者」など、的確なアドバイスをくれる専門家へと移っていった。

親同士でつながることの良さを言う者はおらず、気が付けば親たちは、以前よりもずっと孤立するようになっていた。私たちが団体を立ち上げることにしたのは、そんな時期だった。

親同士のつながりが弱くなっている。しかし自分たちの経験からも、同じ立場の者同士の支え合いというのは、必要だと強く思っていた。マイノリティである障がい児の保護者の気持ちを分かってくれる人は、少ない。だからこそ、同じ立場の者同士で良いつながり方をすると、とても救われる。

私たちの活動で、同じ立場の親同士を、もっとつなげていけないだろうか。同じ立場で悩む者同士の横のつながり。そして少し先を歩く先輩親との縦のつながり。縦糸と横糸を折りなして、孤立する親たちを支えられないだろうか……？

3か年計画

私たちは団体を立ち上げることにした時に、「3か年計画」というのを立てた。そして、その書面をもって、それまで関わりのあった人たちのところへ行き、意見を聞いてみた。持って行った先は、その多くが行政職員のところだった。

そう書くと「なんで？」と思われるだろうが、親の会の活動をする中で、私たちは、多くの行政の関係課の職員と知り合っていた。もちろん、時には言い合いになるような場面もあったわけだが、それでも長年の活動の中で、対立だけでなく共に考えることができるような関係が私たちの間には築かれていた。だからこそ、「これから新しく活動しよう」と思ったときに、その人たちの意見をまずは聞いてみようと思ったのだ。

3か年計画を関係各課の職員に見せて回ったところ、どの人も「これは必要な活動だと思う」と言ってくれた。それで私たちは「やっぱり」と確信を持ち、大いに勇気づけられたわけだが、その中で一人だけ、こう言った人が職員がいた。

「この計画には収益性がないですね。収益性がなければ、長く続けていけないですよ」

これには私たち、返す言葉がなかった。確かに、私たちが作った3か年計画は、「主婦の甘ちゃん」の計画だった。ボランティア精神のみで成り立つ話。美談ではあるがそのどこにも、財源をどうやって工面するかは書かれていなかった。そこを指摘されてもぐうの音も出ない状態だった。経験も知識もないので、その答えはすぐには出そうもない。でも「とりあえず、やってみよう」ということになった。

今、私たちは若い団体さんに対し、活動する上での計画の大事さを説いているが、その実、私たち自身がろくに経済的な算段もつけずに活動を開始したのだった。まったく人のことなど言えやしない。しかし、あまり考えてばかりいても仕方がないというのもまた、事実。「これが必要」と思うことがあるのならば、そして熱意があるのならば、とりあえず踏み出す。走りながら考える。その後の私たちはずっと、いつも、「走りながら考える」状態だった。正直、今もそのまんまだ。

そして、実はこの話には大事なオマケがある。その「収益性がない」と指摘した職員は、同時に「じゃあ、一緒にやりましょうか」と言ってくれたのだ。私たちはそれをきっかけに市の補助金に応募することにし、公開プレゼンテーションを経て採択され、自分たちの活動の2年目と3年目を、市の担当課との協働事業として、やることになったのだった。

本を作ろう！

さて、ここで私たちが各所に持って回ったという3か年計画が、実際にどのようなものだったかを、ちょっと恥ずかしいが、見てもらおうと思う。

〈団体設立時の3か年計画〉

平成24年度

①平成24年度中は、「親の会のOB会の定例会」をこれまで通り続ける。

②定例会とは別に、簡単な料理をしながら保護者の交流をはかる取り組みを行う。
③親の会に企画提案し、「ＯＢを招いての勉強会＋座談会」を行う。

平成25年度

①障がい児の子育てに役立つガイドブックづくりを行う。

平成26年度以降

①「ふつうの子育ての場」に入っていけない保護者のための「居場所」を作る。
②障がいのある当事者のための「居場所」提供。
③保護者交流の場の提供を幼稚園や保育園、小学校などに「出前」する。
④ニーズに応じ、勉強会の企画や研修のコーディネートを行う。
⑤さまざまな角度から障がい児の保護者や障がい児の実態について調査し、提言を行う。

今見ると、ただの主婦なりに、それでも一生懸命考えた計画だった。しかも、この大半を実現させることができたのだと思うと、我ながら感心する。

この３か年計画の内容については後の章でもう少し詳しく触れようと思うが、今ここで見ていただきたいのは、この3か年計画の中の2年目の項目、「ガイドブックづくり」である。子育て中のお母さんに役に立つ本を作りたかった。それを読めば「助けようという人がいる、仲間がいる」とわかるような本を。それは、私が倉敷市に引っ越してきたときからずっと胸の奥に温めていた悲願だった。

私が倉敷に来る前に住んでいた仙台に、1997年ごろ、「エール」という自費出版の冊子があった。これは、仙台の障がい児のお母さんたちが力を合わせて、同じ立場のお母さんたちのために作った冊子で、「仙台市で子育てするあなたに」という、素敵なサブタイトルがついていた。

この冊子は今でも私の手元にあるが、読み返しても感心するくらい、実に多くの情報を網羅した情報誌だった。しかも、単なる情報の集約だけでなく、父親の座談会の様子が紹介されていたり、進路選択についての親の感想が書かれていたりと、本の中から親の「生の声」がたくさん聞こえてくるような冊子だった。この冊子に、遠い県外から引っ越して、右も左もわからず子育てを始めた私が、どれほど救われたかわからない。

この本を当時作った人たちは一体、どれほどのエネルギーがあったのかと思う。同じことを、いつか自分もやってみたかった。そこで、3か年計画の2年目には、本を作って発行しよう、ということにした。この本づくりが、市との協働事業になった。

実は、私たちは団体立ち上げの時に「NPO法人になるべきか?」ということを考えたことがあったが、相談の上、とりあえず今はまだならないでおこう、ということにした。

まだ自分たちが何をどこまでできるかわからない。だから、まず本を作ってみよう。本があれば、「私たちはこういうことをしています」と本を見せながら人に説明もできる。自分たちが何者であるかが、わかりやすくなる。

本を作ってみて、その結果を見てから考えても遅くはないだろう、ということになった。ある意味、本づくりで、自分たちの実力と可能性を計れるような気がしていた。

2013年春。私たちのハンドブックづくりの始まりの年だった。このころ、団体メンバーは5人に増えていた。私は、同じ感覚を持って団体活動をしていってくれる人を慎重に見極めて、徐々に声をかけていっていた。そのとき仲間に加わってくれたのは「えーこちゃん」と「ひろこさん」だった。共に親の会の役員をしていた仲間の二人だった。

市民活動センターでの作業風景

私は、仲間は慎重に選んでいた。「えーこちゃん」には私たちのイベントの手伝いをお願いして来てもらっていたのだが、イベントが終わった時にこんな感想を述べてくれた。

「今日のイベントに参加した人数は少なかったけれど、参加した人たちは、とても満足できたと思う。こういう集まりがあると、お母さんたちはすごく救われるよね」

そのあとすぐに、仲間に加わってとお願いした。「えーこちゃん」は看護師で、弱っている人に寄り添うことが誰より得意な人なので、私たちの活動には、うってつけの人物だった。「ひろこさん」もまた、同じ感覚を持った人で、理性的で、仕事のできる人だったので、仲間になってくれるようにお願いした。私たちは徐々にチームの体裁を取り始め、そういったメンバーと共に、ハンドブックづくりが動き出した。

まず最初にやったことは、本の構成についての会議を行うことだった。たたき台に仙台市の「エール」を使わせてもらい、これをもとに倉敷市バージョンのハンドブックをどのように作るかを、団体内部で協議した。

「エール」のマネをしたいと思ったところは、「これ1冊で必要な情報がすべてわかる」ということだった。そして「エール」とは変えようと思った点は、矛盾するようだが「これ1冊ですべてわかるようにしない」ということだった。

どういう意味かと言うと、先にも書いた通り、「エール」は素晴らしく、すべての情報を網羅していた。網羅しようとするあまり、字がとても小さく、詰め込まれた冊子だった。私が「エール」を手に入れて読んだのは、1997年ごろだったが、その当時は若かったから、文字の小ささも気にならなかったし、本を読みなれているので、苦もなく隅々まで読みこなすことができた。

しかし、私たちが本づくりをしようとした2013年は、もう時代がすっかり変わっていた。１９９７年は、Windows 95が登場して間もなくのころで、まだ家庭用パソコンもろくに普及していなかったが、２０１３年は個々人がスマホを一人一台、手にする時代になっていた。人々の活字離れはもう、相当進んでしまっている。そんな中で、細かい文字がぎっしり書かれた本を読む人がいるだろうか……、と私たちは思った。

時代には、合わせないといけない。活字離れした若いお母さんたちでも読む気になる本を作らなければ。そのためには、「文字を詰め込み過ぎない」ことと、「読みやすい画面構成」を工夫する必要があった。その原則に基づくと、すべての情報を「1冊で」網羅するというのは無理があると判断した。

私たちは、5冊1シリーズで、障がいのある子どもの成長に添って必要になるさまざまな情報を網羅していこうという計画を立てた。1年目は、出生から小学校卒業まで、2冊目は中学校と卒業後の進路、3冊目は就労、4冊目親離れ・子離れ、5冊目は親亡き後。その頃は、そういう計画になっていたと思う。

その後、協働担当課も交えて会議を重ね、本は3章構成にすることに決めた。第1章は子どもの育ちに添った、情報提供。第2章は、巻ごとにテーマを決めた特集記事。一番最後の章は、保護者からアンケートをとって、病院・施設ランキングを載せること…

…等を決めていった。この構成は、その後2冊出した現在も、変わっていない。

ちなみに、当時の私たちは、本にまつわる何かを決める時に、よく「投票」を行っていた。作った人がわからないようにした候補アイディアをいくつか出して、テーブルに並べ、みんなで見ながら、各人がいいと思うものに票を入れ、一番得票の多かったものに決める。私たちの出したハンドブックのタイトル「ひとりじゃないよ」のタイトルは「えーこちゃん」の出したいくつかのアイディアのうちの、ひとつだった。彼女に、この名前をつけた理由を聞いてみると、

「昔、私にも、誰に相談したらいいのか、こんなこと相談していいのか、一人悩んでいた時期があったので。その時の心細さ、不安な気持ちは今も忘れていません。同じような想いでいる人たちに、助けてくれる人、支えてくれる人は必ずいる。一人で悩まないで欲しい、という気持ちからつけました」

とのことだ。やはり自分で体験したことから出る言葉には、説得力があると思う。

私は長い文章には自信があるのだが、短い言葉に関しては、あまりセンスがない。「え

ーこちゃん」はその場に合った短いセンテンスを思いつく才能があり、その後もいろんな場面でその才能を発揮してくれている。

さて、初めての本づくりをしていた当時のことを振り返って、「ハンドブックを作る時に何が一番大変だったと思う?」と副理事長の石川さんに尋ねたところ、彼女にとって一番大変だったのは、掲載許可をもらう電話をしたこと、だそうだ。

掲載許可とはなんのことかというと、ハンドブックの第3章「病院・施設ランキング」ページへの掲載のこと。このランキングとは、私たちが所属していた「親の会」の会員数百人にアンケートを取り、障がい児の親の視点で「おすすめの病院やお店」について回答してもらい、一番回答数が多かったところから順位をつけて紹介していく、というもの。障がいのある子を連れていても受け入れてもらえるような、病院やお店をランキング形式で紹介したら、子育て中のお母さんたちが助かるのではないか、と考えて作った章だった。

項目はいろいろあり、病院なら、小児科、眼科、耳鼻科……等々だし、施設なら、食事をするお店、理美容室、習い事・塾、宿泊施設……等々だった。「お宅のお店のことを

石川さん

うちの本に載せてもいいですか？」という許可を得るための電話を、石川さんが担当してくれていたのだ。

「電話をかけるのも怖かったし、どう説明してもいいかわからなかったから、怖かった」

まだ、ペアレント・サポートすてっぷなんて団体のことを、誰もろくに知らない頃だったので、確かに説明のしようもなかった。怪しいと思われて冷たく断られることも多く、彼女が「怖かった」と思い返すのも無理はなかった。本当に苦労をかけたと思う。

基本的に個人経営のお店には掲載許可をとるようにしていたのだが、中でも特に美容室・理容室は難しかった。ハサミを使う仕事なので、もし障がいのある子どもが怖がって暴れたりしたら、危ないからだろう。安易に「どうぞ」と言えない気持ちもわからないではない。でも、難しいからこそ、掲載したかった。多くの親たちが、自分の子どもの髪を切ってくれるような美容室はないか、と困っていることを知っていたからだ。私自身、知人のつてを頼って美容室に子どもを連れて行き、なんとか切ってもらえるようになって助かっていた。世の中にはそのようなつてを頼れない人もいる。なんとかしたかった。

しかし、ハンドブックの2冊目を作った時には、石川さんが掲載許可をもらおうと電話した美容院に呼びつけられ、怒られたことがあった。お店の人いわく、どこかの発達障がい児の親が不作法だったとのことで、その怒りを彼女にぶつけたのだ。

「身体障がい児の親はまだいいんだけど。発達障がい児の親は、子どもが騒いでも怒らない、非常識な人が多い」

と言われたそうだ。

その不作法だと言われたお母さんも、感情的に怒ることでかえって大変なことになるのを恐れて、怒るに怒れなかったのかなぁ……などと想像しつつ、ただ謝るしかなかった石川さんもまた、辛かったことと思う。

こういう問題は、難しい。その後、私たちは病院・施設ランキングのページの頭に必ず、「ここに掲載されているからと言って、どんなことでも受け入れもらえるわけではないので、良識的な利用をして欲しい」旨を掲載することにした。

中には、最初からうちの団体のことを知ってくれて、本を発行する意図についても非常に好意的に受け止めてくれて、掲載を快く承諾してくれたお店もあったが、そういうのはレアケースだった。なんでも一番最初にやるのは、難しいことだ。

また、冊子が発行された後、「ランキング上位の施設や病院に実際に行ってみたけれども良くなかった」とか、「紹介されているアンケートのコメントが良いことだけなので、良くなかったというコメントも紹介して欲しい」という意見もあったのだが、これについては、「良かったという意見しか紹介しない」という姿勢を現在まで貫いている。

確かに、私たちはこのアンケートのランキングにまったく手を加えていないので、「おすすめ」と回答した数が多い施設を単純に上位から順に掲載している。そこに作為は、ない。だから、例えば10人のお母さんが「ここを利用して良かった」と答えている陰に、実は20人、30人のお母さんが「ここは良くない」と思っているかもしれない。

しかし、良い・悪いはあくまで主観なので、それが真実というものでもなく、人によって違うとしかいいようがない。「自分にとって」本当に良いのか悪いのかは、実際に利用してみないとわからない。

だったら、ランキングをつけることになんの意味があるのか、と思われる方もいるだろう。しかし、それでも、順位づけされていることによって、何十もある施設の中から判断材料ゼロで選ぶよりは、少しは助けになるだろうと考えているのだ。アンケートから抜粋した「おすすめの理由」のコメントも、障がい児の親ゆえの独特なものがあったりして、面白い。例えば、

「待合室に熱帯魚の水槽があるのがうちの子のお気に入りで、いつもお魚を見に行こうね、と連れて行っています」

生き物好きな発達障がい児は多いので、うなずけるコメントだ。

「スケルトンになっているエスカレーターをいつも見に行っています」

これも、ものの構造を見たがる子も多いので、あるあるだろう。中には、

「いつ行っても空いているので待たずに診察してもらえる」

なんて言う、いいんだか悪いんだかわからないコメントがついていることもあるが、しかし、そんな内容でも、待つのが苦手な障がい児を連れている親にとってはありがたい情報なのだ。

県外から来て、まったくなんの情報もない中から一つひとつ開拓していかなければいけなかった自らの経験から、少しでも何か基準のようなものが示されていると、選ぶほうも助かるだろうな、と思って作ったランキングページ。実際、このページは、多くのお母さんたちの好評を得ることになった。石川さんには大変な思いをさせてしまっているが。

一方で、私の苦労と言えば、第1章を作ることだった。障がい児の育ちに沿った必要な情報の紹介ページである第1章は、とにかく取材量の多さと、それを記事に起こし、取材先に確認してもらうことの大変さに尽きた。

本づくりにおいて私たちがこだわったのは、「実際に取材に行く」ということだった。人に聞いたりネットで調べたりして書くのではなく、「障がい児の親として」いろんな窓

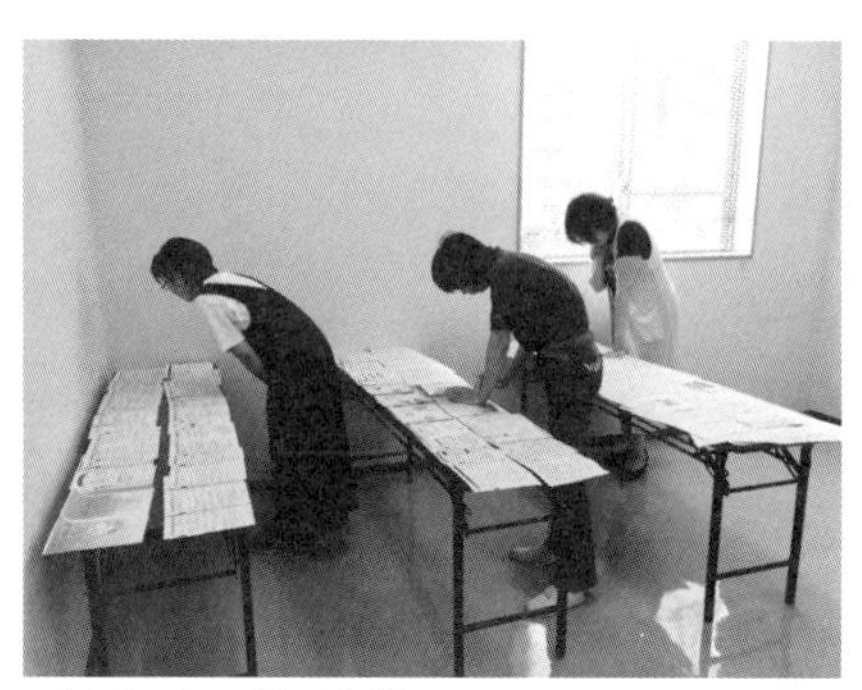

ハンドブックの校正作業

口を訪ねて行って、そこの人たちと言葉を交わし、その内容を記事にする。「親目線」の肌感覚を反映させるためにも、そこにはこだわりたいと思った。しかし、これが素人には案外に大変だった。大変だったが、ここで、市との協働事業であることが生きてきた。

協働事業の担当課の職員が、取材先のほとんどすべてにアポを取って、同行してくれたのだ。これが大いに、助かった。おかげで、児童相談所や保育園・幼稚園の担当課、教育委員会、機能訓練室などの、公的機関で取材させてもらえた。これがなければ、ぽっと出のよくわからないお母さん団体が急に「話を聞かせて欲しい」と申し入れても、相手にしてもらえなかっただろう。しかも、聞いた内容を本にするというのだから怪しすぎる。断られても無理のない話だったが、協働担当課のおかげでスムーズに取材を進めていくことができた。

しかし、取材自体がどんどん進んでも、そこからが本当に大変だった。インタビューした内容は録音して、テープ起こしするのだが、初めてやる作業だったのもあり、それはそれは、大変だった。ボイスレコーダーのデータを、聞いては止めて打ち、また聞いて止めて、打ち……延々と、その繰り返し。何時間にもわたるインタビュー内容をテープ起こしするのは、慣れていないし、専用の機材も持っていない人間には地獄のような作業だった。夏の間中そんな作業をして、身体に負担がかかったのだろう、気が付いたら右肩と右腕全体がしびれ、私は頸椎のヘルニアになっていた。

さらにその先に、困ったことが待ち受けていた。行政の窓口にインタビューした内容を原稿にして戻し、内容確認してもらおうとすると、必ずと言っていいほど、こまごまとした直しが入るのだ。

中には、私が書いた文章を丸ごと書き換えてくる担当者もいた。私たちはあくまで「親目線」で本を作りたいと思っていたので、これには困惑するしかなかった。先方の言う通りに直していたら、行政が出した冊子みたいになってしまう。そんなことだけには、したくなかった。

先に「見やすい画面構成」と書いたが、私たちは第1章を「ＬＩＮＥ」の画面のようなデザインにすることに決めていた。すなわち、左右から吹き出しが出て、その中に短い文章を入れることで、取材した内容を対話形式で紹介しようとしたのだ。吹き出しの中に入れる短文の書き方も、できるだけその人の話した言葉に近い、口語体で書くようにしていた。

それもこれもひとえに、お母さんたちにできるだけ馴染みやすい紙面にして、なんとか読んでもらえるようにしようと考えてのことだった。そんな工夫をしようとしているのに、お役所仕事のガチガチの文章で直されてきたのだから、たまらない。

「この本の文章を書くのは、あなたの仕事じゃない！」

と、何度か戦わねばならない場面もあった。

今思うと向こうは行政職、公の立場にいる人たちなのだから無理もないことなのだろうが、こちらも必死だった。どうして本質と関係ない、こんなやり取りで時間を取られるのかと、ストレスで胃がキリキリしたものだ。相手もそうだったかもしれないが……。

それでも、自分たちで決めた納期を守るために私たちは必死にがんばった。最後の方では疲れ果て、ご飯も喉を通らなくなり、いつもならふっくらしている私がその時は激やせしたほどだ。10月の初め頃、私たちは印刷会社に原稿を入稿した。

そこから約2か月後の、2013年12月、『倉敷子育てハンドブックひとりじゃないよ』は発行された。最初に刷ったのは、500部だった。

先にも述べたように、私たちの2年目・3年目は市との協働事業として、市の補助金を原資に活動をしていた。この冊子を発行したときの、協働担当課との打ち合わせの場面を今でも覚えている。担当課の職員2人と私たちメンバーが2、3人いる打ち合わせの場で、担当職員は、500冊がどれだけ売れれば赤字にならないで済むかを計算してくれていた。

どういうことかというと、実は、ハンドブック『ひとりじゃないよ』の制作発行費用は、全額補助金で賄えるわけではなかったからだ。それなら話は単純なのだが、当時使っていた倉敷市の「市民企画提案事業」という補助金は、経費の75%を上限として補助するというルールがあった。ということは、残りの25%分の売上があがらなければ、この事業は赤字になる。赤字ということは自分たちの持ち出しということ。

当時の私たちは完全ボランティアだったので人件費はもちろん、ゼロ。その頃は人件費のことなど頭になかった。とにかく考えていたのは、身銭を切って赤字分を賄うなどということは避けたい、ということだった。無給でやっているというだけで傍からみたら「物好き」と言われる立場なのに、その上持ち出しまでするようでは、家族に活動を止められてしまうだろうだろう。

計算したあげく、職員が言った。

「350冊が損益分岐点です」

その場にいた私たちは全員、暗い顔をして、頭を抱え込んだ。果たしてそんなに売れるのだろうか？　こんな、本づくりのノウハウも何も知らない素人が作った冊子が。この打ち合わせが、2013年の12月だった。

そして1か月後の2014年1月。500冊のハンドブックは、発売から1か月で完売し、増刷をかけることになったのだった。

NPO法人になる

さて、「本を作ってからNPO法人になるかどうか考えよう」と言っていた私たち。本づくりで自分たちの実力と可能性を計ろうと思っていた。結果、初めての本づくりは、見事「成功」を収めたと言っていいと思う。実際、ハンドブックは「この本が求められるのかどうか」と半信半疑だった市の担当者も舌を巻くほどの売れ行きを見せ、増刷してもまだ売れていった。このハンドブックは、5冊1シリーズのうち現時点で3巻まで出ているが、3冊＋1巻の改訂版を含めた累計販売冊数は8556冊。自費出版としては驚異的な数字となった。

販売してからはさまざまなメディアに取り上げてもらったが、中でもある時、NHKの朝の番組で取り上げられた時には、全国各地から注文が殺到し、度肝を抜かれたものだ。

私が朝、NHKを見ていて「あ、番組中に紹介されたな」と思い、「待てよ、ホームページちゃんとしてたかな?」と不安になってパソコンを確認に行ったところ、すごい勢いで、全国から注文のメールが入りだしたのだ。ＮＨＫの影響力はものすごい。
うちのホームページを見つけてメールをくれた人は、まだ良かった。番組での紹介がほんの一瞬で、問い合わせ先についての案内も出なかったため、見ていた人たちは「倉敷」という単語を頼りに片っ端から電話をかけたらしい。倉敷市の代表番号にも問い合わせが殺到、同じ番組で中心的に紹介された某総合病院にも問い合わせがたくさん来たそうで、多方面にご迷惑をかけてしまった。その注文ラッシュはその後、数週間も続いた。

うちのハンドブックは「倉敷」の冊子だとはっきり銘打っており、市の制度に基づいた情報の紹介もあるため、注文してきた人にも「これは倉敷の冊子ですから、そちらでお役に立つかどうか」と必ず申し添えたのだが、それでも売れていった。全国で、これほど多くの人たちが、子どもの障がいのことで悩んでいるんだ、と今更ながらに思い知ることとなった。

冊子が売れるのは正直、嬉しかった。自分たちのねらいが当たっていたということだから。だけど、電話の向こうで、会ったこともない関東地方にお住まいのおばあちゃんが「孫が発達障がいらしくて、心配で……何か勉強しようと思って本屋さんに行っても、たくさんあって、何を買っていいかもわからなくて……」と心細げに語るのを聞いていると、切なくなった。これだけ多くの人が全国で苦しんでいるのか。そう思うと、胸が痛まずにはいられなかった。

ともかく、本が売れたことで「自分たちの活動にはニーズがある」と確信した私たちは、NPO法人になることを決意した。2014年秋、私たちは「NPO法人ペアレント・サポートすてっぷ」として、登記された。実はこの時、ひとつ問題になったことがある。私たちのハンドブックづくりが「収益事業に該当する」ということだ。

収益事業は持っちゃいけない？

NPO法人というのは、言い換えると「特定非営利活動法人」のことだ。読んで字のごとく、営利を目的としない（ただし、営利を目的としないというのは、ボランティアでやるという意味ではない）。

営利を目的としない団体でも、税法で定める34事業に含まれる活動を行った場合は、収益事業とみなされ、課税の対象となる。うちの法人の活動で言えば、ハンドブックの発行は、「出版業」として、収益事業になるのではないか。すなわち、売り上げが課税対象になるのではないかということを人から指摘された。

「まともな収入源もないのに課税されたら大変じゃない。課税されないようにうまくできないの」と言ってくれる人もいた。「会員限定で冊子を配るとかだったら、出版業とみなされないらしいよ」とか。しかし、実はこれは、そもそも見当はずれの議論だった。

多くの市民活動団体は、なかなか収益事業を持てないでいる。参加者からお金をいただいたとしても、活動を実施するための経費として消えていくのが普通で、利益として手元にお金が残るようなことには、なかなかならない。手元にお金が残るほどの金額を設定したら、活動に参加してくれなくなるからだ。

かといって本来の活動とは別に、売り上げがあがるような事業をするというのは、普通なかなか、できない。そもそも市民活動をしようという人の多くは商売っ気の無い人が多いため、なおさらだ。そんな中で、うちは収益事業を持てる立場になった。だったら、課税されるからと言ってそれをあきらめる手はない、というのが結論だった。

活動を長く続けるためには、永遠に補助金・助成金に頼っていてはダメだ、というのは、団体設立当初から多くのＮＰＯ関係の先輩方に言われていたことだ。補助金の類は、いわば事業開始時の運転資金として充てるべきものであり、軌道に乗ったら補助金に頼らずとも活動できるようにならないといけない、とさんざん言われてきた。

それは確かに、その通りだ。だとしたら、課税されたくないという理由で収益事業を持たないというのはナンセンスなのだ。自力で稼ぐ方法を持っていなければ、活動を続けてはいけない。私たちはたとえわずかばかりであっても、収入になる事業を持てたのだから、それを手放す理由はないのだった。

よって、私たちは「出版業」という収益事業を持つＮＰＯ法人となった。のちにここへ「飲食業」が加わることになる。

「保護者の居場所」づくり

団体設立後2年でNPO法人になった私たちは、ハンドブックの2巻の発行や販売などにも追われていたが、一方で、「保護者の居場所」を作ることへ動き出すことなった。これは、最初にたてた3か年計画の最終ゴールであったため、ここに向けて動き出すことにためらいはなかった。

しかし、保護者の居場所というのが、どういう形であれば成立するのかについては、はっきりとした青写真が描けないでいた。そこで、それ自体をテーマにして、「市民企画提案事業」として市の補助事業に申請し、採択された。その中身というのは、以下のようなものだ。

●最終的に、障がい児の保護者が、「悩んだその時に、すぐ行ける」場所を作ることを目指す

●そのためにまず、どういう条件の場所であれば、障がい児の保護者が行きやすいかを検討する必要がある

●実際に条件を変えたいくつかの場所で、実験的に居場所づくりを行ってみて、どの条件の場所が最も保護者が来やすいかを検証する

ＮＰＯ法人になった２０１４年の秋に、私たちはまた、倉敷市の市民企画提案事業に申請し、翌年春に採択され、２０１５年秋、このプロジェクトは始動した。私たちの当初の計画では、条件を変えた3か所で居場所づくりを行うことになっていた。条件は以下の通りである。

●住宅地の中の空き家を借りて、障がい児の保護者の居場所を作る。
●主婦が立ち寄りやすいスーパーマーケットなどの店舗の2階に部屋を借りて、障がい児の保護者の居場所を作る。
●他団体の拠点の一部に間借りする形で、障がい児の保護者のために居場所を作る。

まず手始めに、「住宅地の中の空き家」からスタートすることにした。9月にボランティアの人たちの手を借りて、空き家を全面的に掃除し、少しの改装を施した。その時に、保健所の立ち入り検査を受け、食品管理責任者の講習も受け、飲食店として開業できるように準備した。つまり、私たちは単なる「居場所」ではなく、「居場所カフェ」として

実験的オープンをしようとしていたのだ。

なぜ、いきなり、面倒な手続きをしてまでカフェ、つまり飲食店の形式にしたのかというと、これまた単純な理由だった。

もし、この「居場所」に保護者が来てくれて、話が盛り上がったとする。まだたくさん話したい。でも、お昼ごはんの時間になったから帰らなきゃ……そんな理由で話を中断させて帰らせてしまうのは惜しい、と思った。だから、ここでお昼ごはんも提供できれば、来た保護者は、ランチも食べて、引き続き思う存分、話ができるのではないか？　ということだったのだ。

誰か飲食店の経営経験者でもいたの？　と思われるだろうが、誰もいなかった。本づくりの時と同じく、飲食店経営についても、まったくの、素人たち。でも、なんとかなるんじゃないか？　と楽観的に思ってしまったのは、その前段として「お弁当づくり」があったからだ。

実は、私たちは、団体設立してから5年間、事務所を持っていなかった。市の施設で会議室を借りて、活動していた。朝、会議室に行って事務所を設営し、夕方撤収する。その繰り返し。大変だったが、市役所のすぐ隣で場所を借りていたため、多くの人が立ち寄ってくれた。

私たちは、少ない人数でいつも活動していて寂しかったので、立ち寄ってくれるお客さんは歓迎だった。次第に、立ち寄ってくれる人たちが活動に協力してくれるようになったため、その人たちに、お弁当を作って行き、お昼の時間にみんなで一緒に食べるようになった。

手作りのお弁当

その数はどんどん増えて、最終的には毎回、13～14人分のお弁当を作っていた。それだけの数のお弁当を作ってきたのだもの。カフェでちょこっと、限定○個のランチを出すくらいできるわよ……という安易な自信をもって、飲食店としてカフェを実験的にオープンさせたのだった。

2015年10月。倉敷市粒浦で、障がい児の保護者の居場所、カフェ形式の相談所「うさぎカフェ」が、1か月限定で始まった。

居場所の条件

今だからこそ言えることだが、私たちが倉敷市粒浦でカフェを仮オープンした時、「人がほとんど来ないんじゃないかなぁ」とみんな内心、思っていた。だってここは、住宅地の一軒家。幹線道路にも面していない。そして、看板も表に出さない。

それでどうやって人が来る？　来るわけないよね〜と、やっている自分たちですら、思ったのだった。鼻息荒くランチだ、スイーツだと用意していても、まったく無駄に終わるかもしれない。

「でもまあ実験だものね。ここがダメなら別の場所を試せばいいんだから」

「来てくれた人に、事務仕事を頼んで、みんなで一緒におしゃべりしながら手を動かしてもらったらいいよね」などと、閑古鳥が鳴いてもがっかりしないように、自分たちで先に予防線を張っていたものだ。

そして、カフェを開けた初日。初日というのは、どこでもにぎやかになるものだ。知り合いとかがお祝いを持ってきたり、応援の声をかけに来てくれるからだ。実際うちでも、初日に12人の人が来てくれた。ただし、そのうち7人は、行政などの関係者だった。

2日目。3人しか人が来なかった。しかもその3人は、知人・友人だった。そして3日目は行政との協働の企画の日だったので、あらかじめ申し込んでいた保護者が6人、来ただけだった。

しかし、4日目。来所者数が10名を超えた。それも、関係者を除いても10名の保護者が来た。そしてそれから、どんどん人が来るようになったのだ。ここで初めて、これまで知っていた人より新規の方のほうが多くなった。これには、やっていた私たちが一番、驚いた。

もちろん、「保護者の居場所カフェのオープン」については、事前にがんばって広報活動はしていた。これは市との協働事業なので、市の力も借りたし、自団体のＳＮＳも使ったし、元から関わっていた保護者の方々にもお知らせはしていた。しかし、だからと言って、「わざわざ」こんなところまで来る人がこんなにいるとは、本当に驚きだった。

一軒家を借りての実験的カフェオープンは、実は、季節を変えて1カ月ずつ、2回、実施する計画になっていた。最初の1カ月は、月・水・金でオープンさせた。

忘れてはいけないことなのだが、このカフェは、もちろんただの飲食店ではない。保護者の相談に乗る場なのだから、保護者とお話ができないと意味がない。

ということは、注文を受けてから料理をお出しするのに、やたら時間をかけていたら、ダメということだ。できるだけ迅速にお給仕をすませ、あとはお話しできるようにしないといけない。

そのためには、必ず前日に料理の仕込みをして、当日、注文を受けてから出すまでに手間をかけないように段取りする必要があった。よって、月・水・金のオープン日の前日である日・火・木はランチの仕込みをすることにした。結果、休めるのは日曜だけになり、うちのメンバーはヘトヘトになってしまった。

そこで、明けて2016年1月。今度は、火・金で開けることにした。火・金態勢になっても、変わらず、むしろ前よりもたくさんの人がカフェに来た。しかも2カ月目には、1か月目には無かった傾向がみられた。

一つには、まず、「子連れ」がとても、増えた。障がいのある子を連れてくる場合もあったが、むしろ、その子の「きょうだい」を連れてきたケースが多かったように思う。「保護者の居場所」なので子どもが来ることを想定していなかったのだが、考えてみれば当然予想するべき事態だった。私たちは慌てておもちゃや絵本を持ち寄り、キッズコーナーを作った。

二つ目には、「保護者の居場所カフェとは、どんなものか」と様子を見に来るお客が多かった10月のカフェに比べて、1月は「本当に」相談に来る人が多くなったということ。協働事業の市の担当課の人も、「これは、続けたほうがいいんじゃないですか？」と言い出す賑わいぶり。私たちも、1月の実験的カフェが終わりに近づくころには、同じ気持ちになっていた。

なってはいたが、しかし、1年間の家賃をずっと払っていけるだけの資金力がない私たちは、そこで立ち止まらざるを得なかった。市の補助金申請にはエントリーしていたが、それが採択されたとしても、1年分の家賃には満たない。さて、どうしよう。

ところが、1月のカフェが終わるのを待たずして、救いの神が現れた。実験的カフェの大家さんが、今後も5年間、無償でこの家を貸してあげる、と言い出してくださったのだ。信じられないようなありがたい申し出だった。私たちに迷う理由はなくなった。

結果、条件を変えて他の場所でも検証を繰り返すという計画も変更し、私たちは次の4月から粒浦で、「障がい児の保護者の居場所 うさぎカフェ」を正式にオープンさせることにしたのだった。

カフェがもたらしてくれたもの

カフェの実験的オープン時に、以前からお世話になっていた人たちが何人もカフェに立ち寄ってくださったのだが、その時に、印象的な言葉をいくつもいただいた。

例えば、以前からお付き合いのある大学の先生。カフェに来てランチを食べて帰られたのだけれど、帰り際に、こう言われた。

「このカフェには、来る理由が二つあるのがいいね。ひとつは、相談しに来ること。もうひとつは、美味しいランチを食べに来ること。相談だけだと、来てみたけれどやっぱり相談したくないって言えないよね。でも、飲食があると、相談しなくてもコーヒーだけ飲んで帰るって選択肢を選べるってのがいいよね」

確かに……！　この言葉は、その後の「保護者の居場所カフェ」についての考え方の根幹となる大きなヒントになった。

ふつう、「相談する側」と「相談される側」というのは、フラットな関係になり得ないところがある。いくら「相談される側」が腰低く相手を迎えたとしても、やっぱり「相談する側」には負い目があるものなのだ。それは、「自分のために時間を割いて話を聞いてもらう」という負い目が。

いくら「相談される側」が「いやいや、そのために私たちはいるんですから気にしないで」と言ったところで、その「負い目感」はなくなることはない。ところが、ここにカフェ、つまり「飲食物の提供」が挟まっていると、いいことがある。

それは、「相談される側」の人間が、「お金をもらう立場になる」ということ。飲食の代金をいただいた私たちは、当然「ありがとうございます」と相手に言う。お互いに「ありがとうございます」と言い合う立場になると、そこで双方の関係性はフラットに近いものになる。これは、いいことだと思った。

「ありがとうございます」と言われる立場は、自分のほうが偉いのかと錯覚しやすい。そういう勘違いを防ぐためにも、この仕掛けは有効だ。ただし、うさぎカフェでは、相談自体は無料で行っており、来た時に飲食するかどうかも、自由である。ここに来たからと言って、どうしても飲食してお金を払わねばならない、と強制することはない。「お金がないから相談できない」などという状況を作らないためだ。

もうひとつ、その後のうさぎカフェのカラーを決めるようなコメントもあった。

「ここで出すお料理は、ただのお料理以上のものですね。皆さんのお気持ち、そのものね」

そう言ってくださったのは、ある相談員さん。

「食べた方は、本当に、とてもとても癒されると思いますよ」

先に述べたように、私たちがうさぎカフェでランチを提供するようになった理由は単純に、「時間を気にせず、いつまでも好きなだけ話ができるように」ということだった。

しかし、この先生は、うちのランチやスイーツに、それ以上の意味を読み取ってくださったのだ。いわく、優しい味付け、手間をかけて作っていること。スタッフの真心がこもっていること。だから、食べた人は、身体の中から癒されるのだ、と。

その時は言われた意味がピンと来なかったのだが、その後カフェを続けて行く中で何度も、ランチを食べた人が口々に「美味しい」と言ってくれ、更に「美味しいですよね？」と隣に座っている初対面の人にまで声をかけ、互いに何とも和やかな笑顔になるところを、見せてもらうことになった。

そんな光景を繰り返し見るうちに、私たちは、決して最初から狙ったわけではなかったのだが、カフェで飲食物を提供することの意味と効果を知ったのだった。「食べ物は人を癒す」ということを。

食べたものから、人は作られる……だとしたら、私たちが心を込めて作ったランチやスイーツを食べてもらうということは、へたな言葉より、その人を慰め、元気づける力があるのかもしれない。

うさぎカフェには専門の料理人はいないが、そのかわり、昆布やいりこから出汁をとり、ジャム、マヨネーズ、ケチャップ、カスタードクリームなどをすべて、スタッフが手作りしている。それらはすべて市販品にはない美味しさで、来る人を体の中から元気づけている。中でも、カフェ特製あんこは、理事長である私が必ず手作りしており、ぜんざいや和風のパフェ、わらびもちのトッピングなど、あらゆるところに使われている。料理は、プロのカウンセラーではない私たちでもできる、大事な癒しの手段となっている。

「うさぎカフェ」を支えるメンバーたち

さらに、実はもうひとつ、カフェがもたらしてくれたものがあった。それは、うちの法人のメンバーの活躍の場ができた、ということなのだ。

「うさぎカフェ」が始まるまで、うちの法人の主な活動は「ハンドブックづくり」だった。もちろん、グループ相談の場や講演会の開催も行ってはいたのだが、そんなに頻繁にやるものでもない。その程度の活動では、仲間が何人もいても、してもらえる仕事があまりなかった。みんないい人材なのに、宝の持ち腐れになっているのが気になっていた。

しかし、「うさぎカフェ」は先にも書いた通り、週に2回、必ず開けるので、仕込みから当日の運営、環境整備にいたるまで、何人もの人手が必要になる。更に、「うさぎカフェ」を足がかりに法人の活動の幅が広がり、発展し始めたので、さまざまな場面で、うちのメンバーの才能が活きることとなった。

「えーこちゃん」と「ひろこさん」のことは先に書いたが、うちには他にも、何人ものメンバーがいる。例えば「植田さん」。彼女は、「うさぎカフェ」をきっかけに広がりだした、うちの活動の財政面を握る大番頭だ。石川さんが日々の細かな会計処理をし、それを植田さんに渡すと、彼女が経理的な処理をして、まとめてくれる。元銀行員の彼女は、法人全体の数字について聞いたらぱっと答えてくれるクレバーな人で、大きなお金に関する感覚を持ち合わせているので、いつも非常に助けられている。

「かずちゃん」は、カフェの環境を作ってくれる職人だ。お母さんたちがくつろげる環境にするため、ふすま紙を張り替えたり、カフェで使うコースターに自作の消しゴムはんこで、うちのロゴであるうさぎのマークを押してくれたり。頼んだら大体なんでも作ってくれる、器用な人だ。さっぱりした明るい人柄で、いつもカフェに来たお客さんを笑わせてくれている。

「杉岡ちゃん」と「岩井ちゃん」には、カフェがスタートしてから法人の活動に参加してもらったのだが、この二人もキャラが違っていて、うちの大事な人材だ。

「杉岡ちゃん」は茶道や華道に通じていて、いつもカフェの床の間やあちこちに、花を素敵に生けてくれる。訪れた人を癒すことを目的としたカフェなので、花を飾ることは大切な要素の一つ。彼女のおかげでカフェはいつもさりげなく、華やいでいる。おまけに保護者とお話しすることとも上手なので、カフェでも他の活動でも、とても頼りになる。

「岩井ちゃん」も才能ある人で、手芸が得意。イベントでクラフト関係のことをやる時に力を貸してくれたり、カフェののれんを作ってくれたり。お料理もお菓子作りも上手で、おまけに手早いので、彼女が来るとスイーツづくりを安心して任せられて、助かっている。おだやかな人柄は、いつも周りの人間をほっとさせてくれる。

そして最後に、副理事長の「石川さん」。彼女が果たしてくれている役割は言葉にならないほど大きい。うちの法人の、精神的支柱だと思う。気取りがなく、笑いを取るのが上手で、幸せや楽しみを見つけるのがうまい。彼女の親しみやすい人柄のファンは、カフェのお客さんにも大勢、いる。こういう人が、どの団体にも一人、必要だと思う。うちには彼女がいてくれて本当に良かった。

「うさぎカフェ」ができたおかげで、いろんな人にいろんな形で力を発揮してもらえるようになった。そうなると、団体の結束力も強まる。それぞれの持ち味が活き、それぞれが輝き始める。「うさぎカフェ」は来てくれる保護者の人たちの居場所であるだけでなく、私たち自身の居場所になった。ボランティアで関わってくれる人たちも気軽に立ち寄れるようになり、誰にとっても大切な場所となったのだ。

ロケーションのもたらす力

カフェをやってみて気が付いたことは他にもある。それは、ロケーションが非常に重要だということなのだ。うちの活動が深まり、発展した背景に、この「おうち（一軒家）」のロケーションが大きく力を貸したのは、明らかだと思う。

私たちが借りている「おうち」は、昭和の、おそらく40年代くらいに建てられたのではないかと思う、古い2階建ての民家だ。借りた時には空き家になって数年たっており、大家さんには申し訳ないが、「お化け屋敷みたい」というのが正直な感想だった。

なぜかというと、入ってすぐに洋間があり、その向こうの和室とはふすまで仕切られていたのだが、それがボロボロで染みだらけ。しかも山水画が描いてある……。もう、それだけで怖い！　全体的に、使っていない家特有の匂いがしていた。初めて見た時にうちのメンバー全員が無口になった。内心、みんな考えていたのだ。

「本当に使えるようになるかしら、ここ」

しかし、さすが昭和の建築。よく見たらいい「おうち」なのだ。

昭和の、当時の流行（はやり）を取り入れた和洋折衷の内装なのだが、しっかりした床柱、書院造の、違い棚のある床の間。今時の建売住宅と違い、6畳間といったら本当にしっかり6畳あって広い。しかも縁側までついている。

敷地面積は100坪あり、広い広いお庭が窓から見渡せる。お隣の家との距離は十分とられており、騒音問題をさして気にする必要もない。庭の真ん中には大きなシンボルツリーもそびえたっている。

このお宅を借りることができたのは、私たちにとって本当に幸運なことだった。居場所事業のスタートがこのお宅でなかったら、きっと今のような私たちの姿はなかったのではないかと思う。それくらい、この家のもたらしてくれたものは大きかった。

一見ボロボロに見えた「おうち」だが、掃除業者にきれいにしてもらい、さらに自分たちでも掃除して、キッチンの床材やふすま紙の張り直しなどを行うと、見違えるようにきれいになった。

何より、毎日人が来て使う、毎日窓を開けて風を通す、そういうことが家をよみがえらせる。使われていなかった昭和のおうちは、見る間に「うさぎカフェ」として居心地の良い空間をみんなに提供してくれるようになった。

玄関の高めの上がり框。2階に上がる急な階段。夏は虫よけのため、あちこちに蚊取り線香をたいて、その匂いが玄関周りに漂うのだが、入ってきた人は「おばあちゃんちに来たみたい」とノスタルジーを感じるらしい。庭は四季折々、常にどこかに花が咲くようになっていて、いつも「こんなところに花が」と私たちを驚かせてくれた。「これまでに来たことがあるような感覚」というのは大事だ、と本当に思った。初めてなのに、初めてではないような場所。ここのおかげで、人は入った途端、「くつろぎ」のスイッチが入るかのようだった。まったく初めて来たのに、部屋の入り口に立った途端、泣き出した人もいた。家の力としか言いようがない。だって私たちはまだ一言も声をかけていないのだから。

場を作ろうとする人は、ロケーションを重視したほうがいい、と私が強く伝えるのは、自分たちがこういう経験をしたからだ。場の持つ空気が活動を助けてくれることがある。何より、評判が定着する前の、よちよち歩きの団体ほど、「場の力」を借りるべきである。

今、日本の各地で空き家が問題になっており、どこの自治体も、その問題に頭を抱えていることと思う。多くが、人が住めないレベルの家で、使おうにも大幅なリノベーションが必要となる。これでは、空き家の活用が進むはずはない。でも、これはとてももったいない話だ。

まず、空き家になった物件を、人が住めないレベルにまで朽ちさせないこと。まだ住めるうちに、ＮＰＯ団体などとマッチングして、入居してもらったほうがいい。たとえ家賃が払えなかったとしても、少なくとも朽ちて崩壊する危険性はなくなるし、猫がすみついて悪臭を放つこともなくなる。

家がまだ使えるうちは売ろう・貸そうと思うのもわかるが、出してもすぐに動かないような物件ならぜひ、期限つきでいいので発展途上の団体向けに無償で貸してあげて欲しいと思うのだ。「タダでは困る」と大家さんが言うならば、そこを自治体が支援してあげて欲しい。

貸してもらえた数年の間に、成長していける団体もたくさん出るのではないかと思う。立ち上げ段階の応援がないと、小さい団体は、体力をつけて事業を発展させていけない。逆に言うと、「拠点を提供する」という応援さえあれば、腰をすえて団体活動に取り組み、地域を豊かに耕していく団体がもっともっと出るだろう。ぜひ、そういうことを、もっと自治体の人たちに考えてもらいたい。

第二章

居場所って何？　居場所の作り方

一般的な「居場所」とは

居場所（いばしょ）とは、居るところ、また、座るところのことであり、自分が存在する場所のことである。自分の持っている能力を一番発揮できる分野を指すこともある。また、不登校児やひきこもり者のために、各自治体が所有する公民館等のスペースを自宅や学校・会社以外の〝居場所〟として一定時間開放する取り組みは「居場所事業」とよばれている。

ウィキペディアにはこんな風に書かれているが、これはけっこう限定的な書き方だと思う。居場所という言葉が指すものは、物理的な「いるところ」だったり、心理的な「心のよりどころ」だったりと、そこは専門家の方々が定義されているだろうが、ここでは事業としての「居場所」について述べようと思う。

ネットで「居場所事業」で検索するとわかるが、その指すものは、決して不登校児やひきこもりの人のためのものではなく、対象は多岐にわたる。「高齢者の」「子どもの」

「若者の」「地域の」等々、枕詞に入る単語は数々ある。

子どもの場合は「子ども食堂」「学習支援の場」なども居場所に含まれる。高齢者の場合は、食べ物を持ち寄ってお茶を飲みながらいろいろ話す形式や、手芸や調理など何らかの共同作業を行う形式、中には、安価で利用できる喫茶店形式をとっているところもある。メディアでよく耳にするようになった「認知症カフェ」と言われるものも、最近は増えているようだ。特にここ、倉敷では、高齢者の居場所はたくさん存在する。

また、「居場所事業」ではなく、「サロン」と言葉を変えて検索すると、さらに沢山のものが出てくる。ちょっと前まで「サロン活動」といわれていたものは、今は「居場所」や「カフェ」に言葉が置き換わってきているのだろう。

では、「障がい児」関係だとどうなるだろうか。「障がい児の」という言葉で検索すると、ほとんどが「居場所がない」、あるいは福祉サービスとしての「放課後等デイサービス」のことなどが出てくる。

次に、「障がい児の保護者の居場所」で検索すると……出てこない。出てこないということは、つまり、ごくごくローカルな、小さな規模のものを除けば、誰でもが探してたどりつけるようなレベルのものは全国的に見ても存在しない、ということだろう。

あれ？　じゃあペアレント・サポートすてっぷさんは何やってるの？　何年も前から「障がい児の保護者の居場所」としてやっているのに、検索で出てこないの？　と思われるだろうが、現時点でうちは「障がい児の保護者の居場所」ではなく「保護者の居場所」ではトップで検索されるようになっている。

それは、うちの方針として、保護者が「障がい児」という言葉に抵抗を感じて相談に来られなくなってしまうことを防ぎたいがゆえに、あまり前面に「障がい児」という言葉を出していないせいなのだろう。これについてはちょっと改善の余地があるかもしれない。

次に「障がい児、保護者、居場所」という言葉で検索してみると、上位に来るのは親向けのトレーニングについての記事がほとんどだ。ＴＥＡＣＣＨプログラムやペアレントメンター、ペアレント・トレーニング等々。しかし、この本の中で語る「障がい児の保護者の居場所」は、そのどれにも当てはまらない。うちのカフェの目的の中には「親を教育する」という言葉は、無いのだ。

「うさぎカフェ」はどんな居場所か

前段で、「うさぎカフェ」は「障がい児」という言葉をあまり前面に出さないようにしてきた、と書いた。「うさぎカフェ」には、小さいお子さん連れのお母さん方も、よく来る。おもちゃも絵本も置いてあるし、うちのスタッフもなるべく連れてきたお子さんの相手をするようにしている。そこだけ切り取ると、まるで普通の子育て支援の場のようにも見えるだろう。

小さい子どもを連れたお母さんやお父さんが、立ち寄ったり集まったりできるような場所や活動は、地域の子育て支援拠点や、他にもいろいろある。地域のいわゆる「子育てサークル」や「親子カフェ」も、それに当たるだろう。けれど、「うさぎカフェ」は、他の場所とどう違うのだろうか。

誤解を承知であえて言うなら、「子育てサークル」活動は、「太陽」みたいな活動だと思う。そこにいるのは、なんだかキラキラしているお母さんたち。いきいきと活動して、子育てを楽しんでいるように「見える」お母さんたちと、企画されたイベントを楽しめる子どもたちが集まる場。そういうところに、障がい児の親は、入っていけない。

私自身、子育てサークルに所属していたことがある。活動になじもうと努力したし、自分自身は他の親になじんでいける社会性の持ち合わせはあるのだが、いかんせん、子どもがその場になじまない。親から離れてする活動も、離れない。他の子が大喜びでするような遊びも、うちの子は泣き叫んで嫌がる。そうなると、その場の空気も大変、悪くなる。いつも、しがみついて大汗かきながら泣き叫ぶ子をなだめながら、その場にいる私自身が、冷たい汗をかいていていた。

もちろん今は、「子育てサークル」に属しているお母さんたちが、楽しそうにキラキラしているように見えながらも、一人ひとりとお話ししたら、それぞれにいろんなことで悩んでいるのだろうということは、よくわかっている。

傍から見てキラキラしているように見える人だって、実はその場の空気に合わせて、無理をして明るくふるまっているだけかもしれない。どんな人だって、裏から見ても表から見ても同じ顔を見せているなんてことはないものだ。今ならそれが、よくわかる。

しかし、障がい児の親たちの気持ちというのは、育児不安に悩むふつうの子どもの親たちのそれとは、ちょっと違うところがある。

「あなたのお子さんには障がいがあります」あるいは「障がいの疑いがあります」「発達障がいのグレーゾーンですね」などと言われたお母さんたちは、急に、周囲との疎外感を感じてしまう。急に、自分のいる世界だけ、他の人の世界と少しずれてしまったかのような感覚に陥る。

他の人は、あっけらかんと楽しそうに子育てしているのに、私は、私だけは、子どもに障がいがあると言われた……そういえば、うちの子どこか他の子と違うのかもしれないと思ったのは一度や二度ではなかったけれど、本当に違ってたんだ……。

こうした感覚の中では、「一般の子育ての場」に入っていくことに、気おくれしてしまう。参加したとしても、疲れを感じ、もう行くのをやめようかなどと思ってしまう。

そこで、「うさぎカフェ」の出番が来るのだ。「うさぎカフェ」は、言ってみれば「月」のような場所だ。弱っている人を、強すぎない光で包み込む場。

私が保護者支援についての講演会で、うさぎカフェについて説明するとき、以下のように話している。

「うさぎカフェの特徴」

●いつ来てもいつ帰っても良い

●話さなくてもいい、他のことをしていても良い（読書、子どもと遊ぶ等）

●飲食だけして帰る、という選択肢もある

●飲食代をいただくことにより、来所者とスタッフの立場が対等に近くなる

●話の輪に入ることを求められない

●仲間うちの会合の場に使うこともできる

●癒し中心。カフェ全体で、来る人を癒すことを目指す

●親を教育しようとしない

●共感・ねぎらい・癒しが圧倒的に不足しているので、そこを満たそうとしている

「うさぎカフェが支えようとしている人たち」

●エネルギーが足りなくなり、弱っている人
●助けを求めている人
●どこに相談しても救われなかった人
●仲間を求めている人
●誰かにわかってもらいたい人
●気兼ねなく話せる場を求めている人

「うさぎカフェの役割」
●毎日でなくてもいいから、続けることが何より大事
●「この日になればやっている」「行こうと思えばいつでも行ける」ということが安心感につながる
●何かを教えたり学んだりする場ではなく、ゆるやかにつながり、常に手を広げて待っている場所
●存在そのものが、親支援の必要性を社会にアピールすることにつながる

なんとなく、うさぎカフェがどのような場なのか、イメージしていただけただろうか。「うさぎカフェが目指しているものがなんなのか」をわかりやすくするために、私たちの法人の取り組みを図式化したものを使おうと思う。

図1は、保護者が元気になっていくための二つの要素を縦軸と横軸に配置したものだ。私たちは自分たちの実感として、障がいのある子どもの存在を受け止める（受容）というのは、二つの要素によって成り立つと考えている。要素のうち一つは、「理解」。そしてもう一つの要素は、「意欲・エネルギー」。

ゾーンごとに解説していくと、図1のDゾーンというのは、子育ての気力もなく、子どもの障がいについての理解や知識もない、保護者にとって一番つらい状態を示している。このゾーンにいる人には、手厚い支援が必要であり、中でも最もしんどい状況（図1の左下あたり）にある人に関しては、プロによる介入が望ましい。

次にCゾーン。ここは、知識はあるが、親としての自信を失いかけている、将来についても明るい見通しが持てていない状態を示している。障がいのある子を育てるうえで、

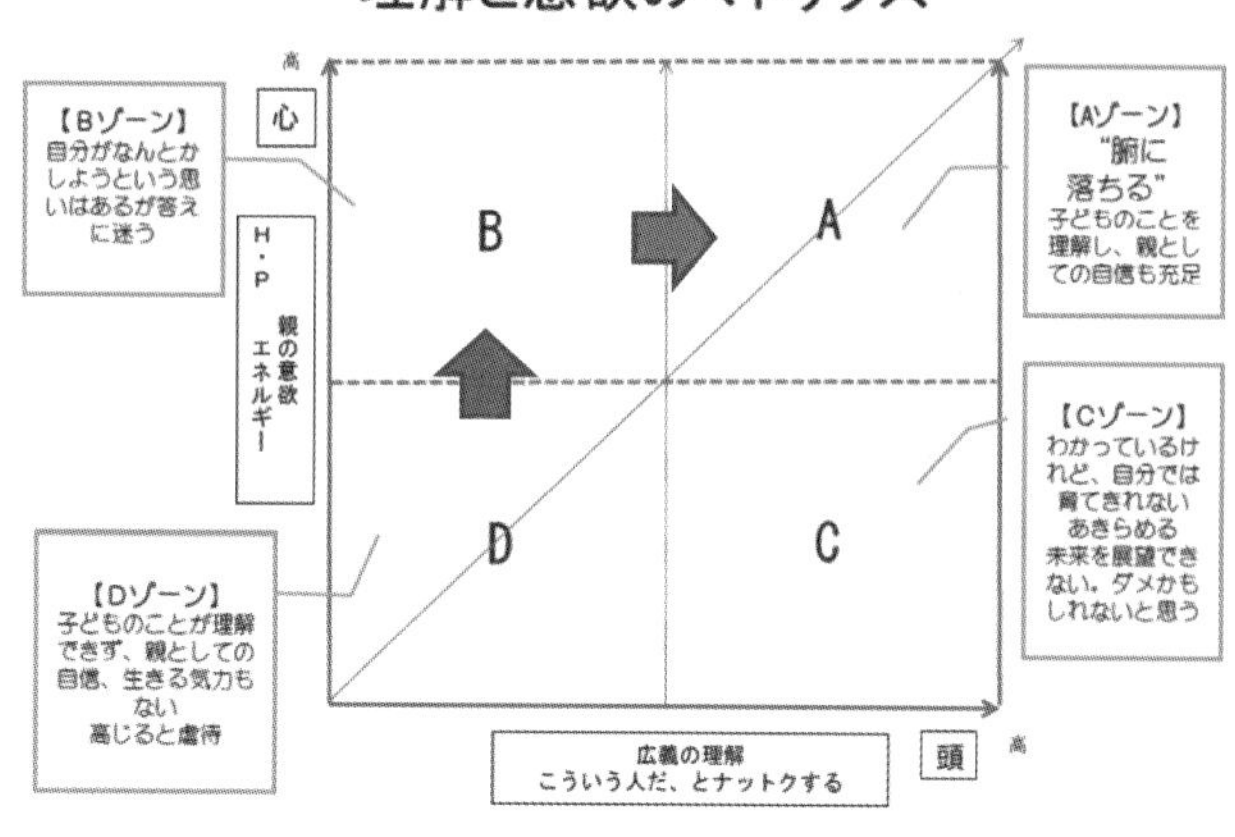

図1

「障がいについての知識や、この人はこういう人だ、という理解」は、どうしてもある程度は必要になる。知識を身につけないことには、「どうしてこういう行動をするのだろう」という疑問に、いつまでたっても答えが出ないからだ。そして、今までのところ、保護者の支援に関する世間一般の取り組みのほとんどが、この「保護者に知識をつけさせる」ことに終始している。

図1で言うと、BからAにまたがっている横向きのベクトル。これが、親をトレーニングする、教育する等の取り組みが目指すものだ。頭の中に知識

を詰め込み、知識をもって子どもを受け入れられるよう導こうとするもの。

確かに知識はある程度必要……しかし、私たちはそれだけでは足りない、と考えている。いくら「自閉症とはこういうものだ」「ＡＤＨＤとはこういうものだ」という知識ばかり増えていったとしても、「私はこの子を育てられる」という親としての自信が持てなかったら、親のメンタルは浮上していかない。

むしろ、知識がつくほど、「こんな難しい子育てはできない」となる可能性もある。あるいは、「障がいがあるというのは大変なことだ。私が死んだらこの子を支えられる人はいないだろう」など、事態がわかるほど絶望する、ということもあるだろう。

一方で、Ｂゾーン。ここに当てはまる保護者は、「私がこの子をなんとかしなければ。なんとかしてみせる」という意欲が高い人。しかし、まだ知識が不足しているので、答えがなかなか見つけられず戸惑っている。エネルギーは満ちているので、自分から知識を得ようと積極的に動くタイプの人がこのゾーンに当てはまる。

そしてＡゾーンは、障がいを含めたわが子の理解がすすみ、なおかつ「自分はこの人を育てていける」という自信にも満ちている状態。障がいのある子の親であるという事実は変わらないものの、メンタルは安定しており、いわゆる「育児の山を越えた」状態の人がここに当てはまる。真ん中の破線は、気力が充実しているかいないかの境界線を示している。

この図は決して、「親を4タイプに分類する」ためのものではない。ある人が、最初はBゾーンにいて、充実した意欲を持って懸命に知識を身につけようとがんばるが、実際には頭でっかちになるばかりで育児が思うようにいかず、落ち込んでCゾーンに行く、しかし先輩保護者に出会ったり良い仲間が見つかって悩みを分け持てるようになるにしたがってAゾーンに近づいていく……など、一人の人が子どもを育てていくプロセスの中で揺れ動き、いろいろな状態になることこそがリアルなのであって、その時々の状態をわかりやすくするために作ったものだ。

では、「うさぎカフェ」はどの部分の人を支えようとしているのか。それを表したのが図2だ。

図2の通り、うさぎカフェが支えようとしているのは、主にBとCのゾーンと、Dゾ

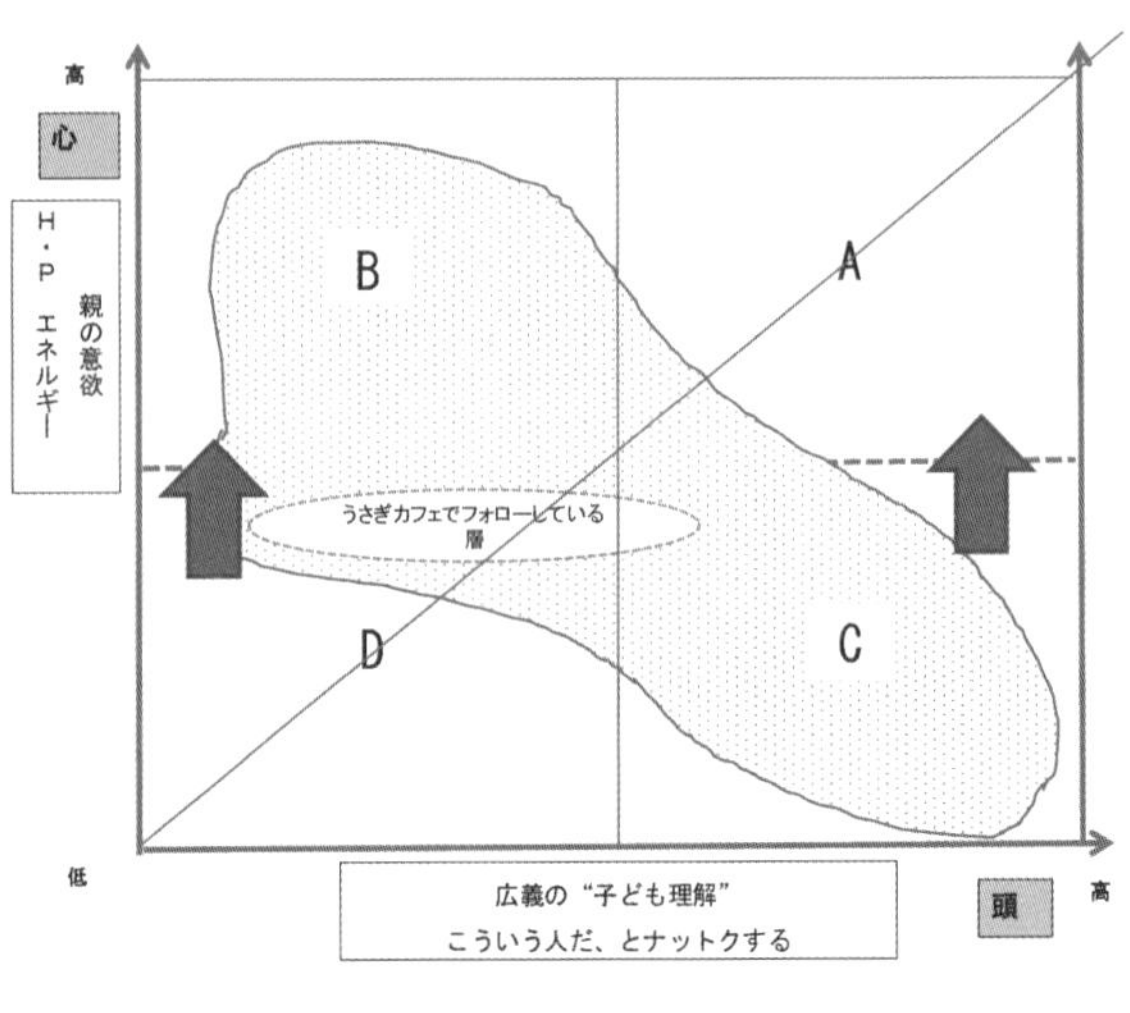

図2

ーンの一部の人たちであり、やろうとしていることは、上向きのベクトルを作ること……すなわち、来る人たちのエネルギーや意欲の充実をはかる、簡単に言うと「元気になってもらう」ことなのである。

知識をつければ受容できるのか

私たちは経験的に、親が子どもの障がいを受容するには、単に知識をつけることだけでは叶わない、と感じている。知識をつけるだけでなく、「私はこの子を育てていける」「私でも、この難しい子育てを乗り越えていける」、そして「障がい児の未来は決して暗いわけではない」「障がいがありながらも、元気で明るく働く大人になれる」……そんな自信と未来への希望が必要なのであり、知識とエネルギーが、その人の中に少しずつでもバランス良くたまっていき、ある一定レベルを超えた時に、障がいのある子の存在が「腑に落ちる」状態になるのだと思う。

その状態が、「受容」にあたるのかも、しれない。受容というのは決してひとつの決められた形のゴールではなく、恐らく、一生をかけて向き合っていく自らへの「問い」なのだろう。とはいえこの、「腑に落ちる」感じ。障がいのある子の存在が自分の中で違和感がなくなり、ごく自然にその存在を感じるようになったときというのは、「到達点」ではなくとも、ある種の「通過ポイント」ではないかと思う。

受容という名の、長く続き波打ちながら登っていく坂道の、踊り場のようなもの。黙々と下を向きながら登ってきて、ふと気が付いて、息をついて周りを見回した時に、「ああ、いつの間にかこんなに高いところに登ってきていたんだ」……そんな風に景色を見渡すイメージだ。そこから見える風景は、単に「高い場所」ではなく、思いのほか、本当に思いのほか、美しい景色なのだ。こういう子どもを持つことがなかったら、見られなかった景色かもしれない。

だから、「うさぎカフェ」では、親たちがその美しい景色にたどりつくことを、応援する。世の中に知識や情報があふれかえっている中で、「うさぎカフェ」では来た人を癒し、元気にすることに力を注いでいる。十分がんばっている人に更に「勉強しろ、努力しろ」とおしりをたたくのではなく、「それでいいんだよ」と、来た人が言って欲しい言葉を言ってあげられるようにと思っている。

場づくりのミステイク

今、「私も居場所づくりをしたい」と言われる方がとても多い。しかし、何か場を作ったものの、ろくに人が集まらず、1年を持たずに閉じてしまった、あるいは「来て欲しい」と願っていたのと全然違う人が集まって、当初の意図とはまったく違う場になってしまい、なんだかモヤモヤする……というような経験をした方も、結構いるのではない

ふだんのうさぎカフェ。あちこちでスタッフと保護者が話している

だろうか。

「3世代交流」や「子ども食堂」、「認知症カフェ」などさまざまな場があるが、何をテーマにするにせよ、「場づくり」というのは思うほど単純ではないなと、やっている人間として実感している。

基本的な考えかたはどのテーマでも共通かと思うので、これから「場」を作ろうとしている人、あるいはもう「場」を作っているが、いまひとつうまくいっていないという人向けに、場づくりでミスしやすいポイントを書いておく。

●「場さえ作ればそこに交流が生まれる」は幻想

人がどこかの場に行くには、必ず理由がある。あなたの作ろうとしている場は、何か行く理由のある場だろうか。と、書くと、「理由なんて必要ですか？」「そういうものでしばると自由度が減って、多様な人が集まる場になり得ないのでは？」

という声が聞こえてきそうだ。

確かに、全国各地に、いろいろな立場の人がうまく交わり、素敵な化学反応が起きるような場がある。それらの場は、実に自然に、いろんな人が交流していて、そこで予想もしていなかったような相互作用が生まれたりしている。それを主宰している人は、「私が場を作ったらみんな集まってきてくれて自然と交流が生まれた」と語っているかもしれない。

なんて素敵なんでしょう、私もそんな場を作りたい。そういう場があったら、誰にもつながれず孤独に過ごしていた人たちの居場所になるかもしれない、もっと安心して暮らせる街になるかもしれない……！と思って、あなたも場を立ち上げたとする。

ところが、誰も来ない。または、最初、数人来たけれど、もう二度と来なかった。または、一応来たけれど、思っていたような「誰にもつながれず孤独な人」ではなく、ちょっと厚かましいようなキャラの人が多い。ここに来なくても、いくらでも人とつながっていそうな人ばかりだ……そんなことに、なったりしていないだろうか。

●「さりげない交流の場」には実は人をひきつける何かがある。

それは、思わず行きたくなるような場所の雰囲気かもしれないし、すごく美味しい手作り料理が提供されているからかもしれない。しかし、何より大きな理由として考えられるのは、「誰が」その場を作っているかではないかと思う。

さまざまな人をうまく繋ぐ力のある人。それは、その人自身が意識していないかもしれないのだが、その人の持つ雰囲気、ちょっとした声掛けが人を繋ぎ合わせている。

他には、違う立場の人同士の媒介となる要素、仕掛けがその場にある場合。それは、音楽とか演劇などの文化・芸術活動などがそれに当たる。自分の作ろうとしている場に、それらの何かが、あるだろうか。ない場合は、人は集まらない、集まってもリピーターにならない場合が多いかと思う。

●「さりげない交流の場」には細やかな配慮がある

これも、主宰者がそのことを意識していない場合もあると思うが、心地のいい場というのは、実はすみずみまで配慮が行き届いている。それを無意識にできてしまう人もいるが、そういう人はまれなので、普通は、意識して隅々まで配慮したほうがいい。

初めて来たのに誰とも言葉を交わさずに帰ってしまうようなさみしい人を作り出して

いないか。共通の話題のない人の前で、一部の人と内輪ネタばかり話していないか。とにかく、一人で来ても居心地の悪い思いをさせないためには相当な気配りが必要なのだ。来て勝手に交流したらいい、などという乱暴な考え方では「さりげなく人と人とがつながれる場」というのは成立しない。

●意図したのと違う人がやたら来るのはなぜか

もし、なんの仕掛けも工夫も配慮もなく、ふんわりした「お茶を飲みながら3世代で交流しましょう」というような呼びかけ方をすると、参加者にある種の偏りが出る可能性が高い。こういうあいまいな、誰が対象なのかはっきりしない呼びかけを受けて、そこに参加できるような人というのは、「よくわからない場でも平気で入っていける、経験値が高いか肝の座ったタイプ、あるいはちょっと変わった人」ということになる。

でなければ「もともとの顔見知り、知人・友人、主宰者になんらかの義理があって仕方なしに参加した人」というもの。あなたが来て欲しいと思っていた、「ちょっとシャイで、人とつながるのが苦手な人」を場に集めようとしたら、実は相当な工夫が必要なのだ。いきなりそういう狙った人に来てもらうのは、とても難しい。

人とつながるのが得意でないから孤立しがちなのであって、そういう人に場に来てもらおうと思ったら、信頼されている仲介者が間にいて、その人が連れてきてくれる「同行」がないと難しいだろう。

誰がやっているどんな雰囲気の場なのか、よくわからないのにそこに行く、というのは、とても勇気がいることなので、それができる人間というのは、おのずと限られてしまう。それは主宰者側が承知していないといけないことだ。

●リピーターがつかないのは何故か

初めてきた人を、一人ぼっちにさせてしまうような場は、当然リピーターはつかない。「場」を作った以上、知らない人が入ってくるのは当たり前なのに、初めての人が入ってきたとき、「何この人」みたいな目線を向けていないだろうか。そんな目線を向けられたら、その人はその瞬間「しまった、来るんじゃなかった」と思うだろう。

また、元からいる友人・知人同士で盛り上がって、知らない人にはわからない内輪ネタが飛び交い、初めての人がいたたまれない空気になっていたら、もうダメだ。次は来てくれないだろう。

これはいつも私たちも気にしていることで、きっと過去に私たちも何度か失敗して、来所者を失望させてしまっただろうと反省するところだ。こういうことを起こさないように私たちはモットーとして「一人で来た人を独りぼっちで帰さない」ことを心がけるようにしている。

●主宰者の魅力で惹きつける

主宰者であるあなたが人間的な魅力にあふれていれば人は集まるかもしれないのだが、それだって、あなたが魅力的な人間だということを、どうやって多くの人に知らせるのだろうか。それには、発信が必要ということになる。ネットを使って（例えばブログを書くとか）あなたの魅力を積極的に発信する方法もいいかもしれない。

あるいは、ちょっと時間をかければ「口コミ」の力であなたの魅力は周囲に知られていくかもしれない。それにしても、先に来た人が口コミをしてくれる、次の誰かを連れてきてくれる等が必要になる。これを加速させるには、あなたのほうで、積極的にさまざまな場に出かけていき、あなたの人となりを多くの人に知ってもらう努力も必要だろう。

このように「さりげない場」というのを作るには、その裏での努力や工夫や、あるいは才能のようなものがそれを支えている。自然とそういう場が作れてしまう人には、ある種の才能があるということ。そうでないならば、頭を使って、仕掛けを作ろう。工夫をしよう。人から見たらさりげなく見えるための戦略がそこに必要になる。そうでなければあなたの願う居場所はいつまでたっても作れないだろう。

あなたが「居場所」を作るなら

ここまで読んだときに、居場所を作ることのハードルが高すぎていやになる、と思わせてしまったかもしれない。しかし、同じ時間や労力を注ぎ込むのだとしたら、できればあなたが、「こうなってほしい」

と願った場を作ってほしいと思う。でなければ、うまく行かなかったときに徒労感が大きいし、心が傷つくことだってある。

もし、時間や労力を使って、あなたが願った場を作ることができたら、あなたはとても満たされるだろう。どうにもうまくいかず、迷ってしまったときには、相談してくれれば、何か力になれるかもしれない。

第三章　私たちが出会ってきたお母さんたち

「うさぎカフェ」を始めたことで、多くのお母さんたちに会うことができた。「障がい児の保護者の居場所」なんてものが成立するかもわからない中で始まった「うさぎカフェ」だったが、毎回必ず誰かが、来てくれる。時々そのことが、信じられない思いがする。

来てくれるお母さんたちと私たちとは、「障がいのある子がいる」という共通点こそあるものの、それまで会ったことも話したこともない、赤の他人だ。なのに、見ず知らずのわたしたちのところへ来て、自分の苦しい、一番痛い思いを話してくれる。こんなに正直に私たちに打ちあけてくれることに、「自分ごときがこんなお話を聞いていいのだろうか」と思ってしまうくらいだ。

この章では、個人情報がわからない程度にアレンジして、これまで出会ってきたお母さんたちのことを書きたいと思う。

お母さんたちが「うさぎカフェ」に来られる最初のきっかけはさまざまだ。倉敷市の相談窓口が発行しているメルマガを見て来る人。親の会向けに発行しているチラシを見て来る人。市の人の紹介で来る人。最初はそういうのが多かったと思うが、最近ではウェブ検索や、フェイスブック等のＳＮＳなどを見て単独で来る人も増えた。そして、もちろん年数が経つにつれ「うさぎカフェ経験者がお友だちを連れてくる」という「同行」パターンが増えてきた。

「同行」はありがたい。初めての得体のしれない場所、どんな人がいて、何を言われるのかもかわからない場所に行くのは、どう考えても怖いと思う。しかし、よく知っている人が「あそこなら大丈夫よ」とお勧めしてくれる、一緒に来てくれるというのはとても心強いことだ。2回目からはひとりでも来られるようになるだろうから、ぜひ、初回は同行してもらいたい。

「うさぎカフェ」の利用頻度は人によってさまざま。何度も続けてくる人、数か月に一度来る人、半年に一度くらい来る人。続けてきてたかと思うとパタッと来なくなり、2年くらいしてまた突然来る、そんな人もいる。

しかし、とてもしんどい思いをしている人の多くは、しんどい間は続けて来ることが多いように思う。Aさんもその一人だった。

学校に行きしぶる小学生の保護者、Aさん

彼女が最初に来たのは、市の相談窓口の人に紹介されたことがきっかけだったと思う。その時、Aさんのお子さんは小学校4年生。学校に行きにくくなっていた。

「うさぎカフェ」のお客さんはどういうわけか割に、保育士さんや看護師さんが多い。その方も、元の職業は保育士さんだった。見た目は、すらっと線が細く、おどおどした小さな声、自信なさげなしゃべり方。松本零士が描きそうな女性のタイプだと、彼女を見るたびいつも思う。実際、きれいなのに薄幸そうな女性だった。

彼女は、学校に行きにくくなっている息子のことが辛くてたまらなかった。その原因が学校にあると考えており、中年の女性の担任の先生との意思の疎通がうまくいかず不信感が募っていた。はっきり言うと「いくら言ってもわかってもらえない」と、彼女は思っていた。

こういう訴えは、「うさぎカフェ」では日常茶飯事だ。学校の先生と親というのは、どうしてこうもコミュニケーションがうまくいかないのかとつくづく思う。どちらも同じ

く人の子の親の場合がほとんどなのに、ひとたび職業上の立場に立つと、「母親同士」ではなくなってしまうようだ。Ａさんの場合も、担任の先生とどうしてもうまくいかず、悩んでいた。

息子さんは自閉症スペクトラム障がいで、知的障がいがないタイプのお子さん。非常に感じやすく繊細で、学校から求められることに応えていくのが難しい。そもそも集団行動自体が彼に合わないのだろうなという気がしたが、学校生活とは集団行動で成り立っているので、要するに学校に所属する限り、彼のような子には苦しさがつきまとうのだろう。

それでも、能力が高く、いざその場に行けば「やれてしまう」お子さんなので、学校の先生はその姿を見て「やればできる子」だと判断する。しかし、実際には限界ぎりぎりでがんばっており、家に帰るとそのストレスが爆発する。

こういうお子さんは、とても多い。「うさぎカフェ」でも何度も聞いたパターンだ。ストレスのはけ口は、主に母親に向かう。母親を罵倒し、家で叫んで暴れ、場合によっては暴力もふるってくる。Ａさんの息子さんの場合は暴力はさほどではなかったが、暴言とパニックで毎日がバトルだった。Ａさんは疲れ果てていた。

Ａさんは私たちのところへ来てくれた時、小さな声でつらい状況をたくさん、お話ししてくれた。私たちは心を尽くして慰めた。どういう言葉をかけたのか、具体的なことは、もう覚えていないが、「辛いだろうね」ということと「あなたが悪いわけじゃない、一生懸命やっているのがわかる、立派だと思う」と何度も繰り返しお話ししたと思う。Ａさんはお話しするたび、ボロボロ泣いた。彼女のそばにはティッシュの箱を常備する必要があった。

うちのカフェには大きなテーブルがあって、キッチンと対面の形に配置されているため、私たちはそれをカウンター席と呼んでいる。一人で来られたお客さんは、普通いつも、カウンター席に誘導するようにしている。そのほうが、私たちの目が届き、何か調理をしている時でも手を動かしながら話ができるし、一人で来ていても、大きなテーブルを他のお客とともに囲む形になるため、孤独感が出にくいからだ。だから、私たちは最初、Ａさんのこともカウンター席に誘った。けれども、Ａさんはその席を嫌がった。

「他の人と交流するのが苦手なんです」

なるほど。そういう人は何もＡさんだけではない。そういう時は無理にカウンター席に座ってもらう必要もないので、一人でひっそり座れる壁際の席に座ってもらうことにした。以来、Ａさんの指定席は、そこになった。

Ａさんはおとなしい割には感情の起伏が激しいところがある人だった。ある時などは、まだカフェのオープン前の準備中に駆け込んできて、泣き崩れた。驚いて事情を聞くと「息子と言い合いになって」と言う。

学校に行きづらくなっていた息子さんのためにＡさんは努力をして、在籍学級を通常学級から支援学級へと移した。彼女にしたら「今の苦しい状況も、支援学級へ変われば終わる」と思って、それを心の支えにがんばってきたのだろう。なのに。彼女いわく、「せっかく支援学級に変わったのに、今日もまた学校に行こうとしないので、もう私、腹が立って腹が立って、息子に怒鳴ってしまって……」

「そっかそっか。そうよなぁ。ここまでしたんだから、今度こそ学校へ行ってくれると思うよなぁ……。うんうん。まあ、コーヒーでも飲んで」

私たちは彼女を慰め、まだ学級を変わったばかりだから、そうすぐに学校への信頼感も取り戻しにくいんでしょう、もう少し待ってあげる必要があるかもねぇ、とお話しした。きっとそのうち行くようになるよ、と。

彼女自身も、本当はそんなことぐらいわかっているのだ。わかっているけれども、つい、期待してしまう自分がいる。でも、期待通りに動いてくれない息子の姿に、もどかしさや徒労感を感じ、感情が高ぶってしまう。

私たちが「うん、うん」と話を聞いている間にAさんは落ち着きを取り戻した。そして

「すみません、飛び出してきたのでお財布を持っていませんでした。出直してきます」

と言って帰って行った。かわいい人だ。

彼女はその後も、何度も息子さんのことで悩み、泣きながら私たちにその思いを話してくれた。息子さんによい環境を探してあちこち動き回り、息子さんが学校以外でくつろげる場を見つけていった。私たちが何かお話しすると、いちいち小さなノートを取り出してメモするような、生真面目なところもあった。

彼女が私たちにしてくれるお話は、息子さんの状態と、Aさんの「親としての願い」

との埋まらないギャップを怒り嘆く内容が多かった。Aさんが親として良かれと思ってやってあげていることが、本人には響かない。もちろん障がい特性がらみの話にはなるのだが、ちょうど思春期を迎えようとしている息子の変化についていけない母親の苦労と葛藤、そのものでもあったと思う。

彼女のうさぎカフェ通いは2年ほど続いた。私たちはそのたびにお話を伺いながら、いつも一緒に連れてきてくれる下のお子さんとも遊んだ。通ってくるお母さんたちが年の小さい弟や妹を連れて来ることはよくあるのだが、ずっと何回も会っているとお子さんのほうでも顔なじみになり、「うさぎカフェに来たらパフェを食べる」「うさぎカフェではアイスクリームを食べる」などと決めてくるお子さんもいる。お母さんにとってため込んだ思いを吐き出す場であると同時に、カフェはきょうだい児とゆっくり遊ぶ場にもなっている。

その後、Aさんの息子さんは次第に落ち着き、Aさんは仕事に復帰した。仕事をするようになってからは、カフェに来ることも滅多になくなったが、たまに差し入れを持ってきてくれることもあった。私たちは彼女に会えなくても、きっといきいきとお仕事をしているであろう姿を想像して、安心していた。

その後、こちらからお願いして、後輩お母さんたちの前でAさんの経験をお話ししてもらったことがある。「私なんかの話で、役に立ちますか？」と半信半疑な顔で言われたAさんだったが、何が何が。素晴らしい発表となった。

彼女は以前の姿がウソのように、どっしりと落ち着いた、立派な先輩お母さんになっていた。別に、息子さんの状態が前に比べて格段に良くなったというわけでは、ない。学校にも、行くときも行かないときもあるようだ。けれども、彼女は落ち着いている。

以前のように息子さんのその日の状態にいちいち一喜一憂しなくなった。「お母さんは仕事があるから」と一線を引いて本人の自主性を認めつつ、もう中学生になった息子さんのことを見守っている様子だ。

「なんて落ち着いて、たくましいお母さんになったんだろう」とうちのメンバーもつくづくと感心していたのだが、そんな中、珍しく彼女がうさぎカフェに来てくれる日があった。その時、驚くことがあった。なんと、Aさんが自らカウンター席に座って、飲んだり食べたりしながら、他のお母さんと会話している……！

交わるのが苦手と言って壁の近くにひっそり座っていた彼女が、いとも自然にカウンター席について、他のお母さんと普通におしゃべりし、後輩お母さんの相談にまで乗っている。私たちは驚いたものの、あまり意識させたくなかったので黙って見守っていた。ああ、人って変わって行ける。変わって行けるんだ。それはひそやかに、でも確かにそこにある、「美しい景色」だった。

いや、彼女は変わったわけではないのかもしれない。彼女が見せていたシャイな姿は、思えば彼女の本質ではなかったかもしれない。本来は社交性のある性格で、自分と息子の困難に惑っている間は他の人に心を開くどころではなかっただけなのかもしれない。

今、落ち着いて息子さんのことを受け入れられるようになって、彼女の本来の姿が自然に表れたのだろうか？　彼女の数年間の葛藤と、その後に、被っていたものを脱ぎ捨てるように、自然に前に向かって歩き出した彼女の姿を見せてもらって、私たちは尊敬の念を抱かずにはいられなかった。なんて素敵なんだろう！

その後も彼女は時々顔を見せに来てくれているが、今は他の人の悩みを聞きながら共に考えたりしているらしい。「うちは不登校ぎみだけど特別困っていないので。でも他の方は皆さん、大変だなと思って……」

　息子さんが小学生の頃の彼女からは考えられないセリフだ。息子さん本人も、学校は行ったり行かなかったりしているけれど、情緒的にはとても安定し、進路も見えてきて、今は親子で共に将来を考え始めているそうだ。

　変わったのは子どもが先なのか、親が先なのか？　どっちかが変わったから、相手も変わったのか？　私たち自身も、自分の子育ての中で感じた疑問。正解はわからないけれど、もがく中でたどりついた親子の姿は、こちらから見ていても胸を打つほど、清々しかった。

不登校の中学生の保護者、Bさん

　もう一人、忘れられない人がいる。仮にBさんとするが、彼女が初めて私の前に現れたのは、個別相談の申し込みをしてきた時だった。

　うちのカフェを利用する人の多くは、まずカフェに来てみて、それから個別相談を希望する場合が多いのだが、人によってはいきなり個別相談を利用する人もいる。彼女は後者だった。悩みの内容は、中学生の息子さんの不登校と家庭内暴力のことだった。

個別相談で中学生以上のお子さんについて話があるとき、ほとんどの場合は、あまりいい話ではない。というか、もう事態がかなり進行してしまってからの相談が多く、こちらとしても話を聞く以外、なんの力にもなれないことが多い。Bさんのケースもそうだった。

中学生の息子さんは、小学校の終わりごろから学校に行きづらくなった。Bさんは学校に行かせようと、いろいろと手を尽くしたが、中学校に入り、ついにまったく行けなくなった。私に会いに来た時のBさんは、それでもなお、「なんとかして学校に復帰させよう」と躍起になっていた。

いろいろな話を聞いてきた経験上思うのだが、完全に行けなくなった子が学校に復帰するのは、ベースに発達障がいがある場合、そう簡単なことではない。というか、ほとんどの場合が解決までに時間がかかる。

完全に行かなくなるまでになにかの手を打てたら一番いいのだろうが、うちに個別相談に来る頃には、残念ながらその段階は通り過ぎているということも多い。Bさんの場合も、これは長くかかりそうだ、という気がした。事態はかなり深刻だった。

息子さんは人が怖くて外出できなくなっており、ゲーム依存になっていた。小学生のときにBさんから受けた仕打ちについて、繰り返しBさんを責める。過去の仕打ちと言っても、虐待されていたというわけではない。彼いわく「本当はしたくなかった習い事や塾をいろいろとさせられた」ことについての恨み節だった。

よくもあの時あんなことをしてくれたなと、親に向かって罵倒してくるらしい。過去のことが、まるで今起きているように頭の中に蘇ってしまうらしいのだが、発達障がいがある場合、こういうお子さんは決して珍しくはない。

Bさんは、どうやら小さいころからお子さんの発達障がいの可能性を、承知していたようだった。お母さん自身がそのことに気がついて簡易検査までは受けていたようだ。結果は「グレーゾーン」ということだったらしい。が、やっていけないことはないと思ってそのまま来た。

「何かあるだろうとは思っていた」という。しかし彼女の中で、「発達障がいの可能性」

ということと、育て方への配慮ということは特にリンクしていなかったようだった。これは、早い段階での適切な育児フォローがない限り、無理からぬことかと思う。

Bさんはいろいろと、「不登校」という状態をなんとかしようと努力しているお話をしてくれた。たとえば、「不登校が治る」と書いた本に書かれたことを実践したり、医者による特別な療法を受けさせて心の傷を治そうとしたり。

特に本のメソッドに強く傾倒しており、きっちりとその教えを守ろうとしていた。Bさんは大変な努力家で、やると決めたことはきっちりとやろうとする人のようだった。

しかし、Bさんの懸命の努力にもかかわらず、息子さんはある日「もう行かん、無理」……それ以来、まったく行けなくなり、家で暴れ、お母さんに暴力もふるうようになった。そういう時にお子さんは「お母さんは僕のことを全然わかっていない」と責めて来るそうだ。Bさんは私にこれまでの経過を一つひとつ話しながら、「自分が厳しくし過ぎたかもしれない」と何度も反省の言葉を口にした。

私は思うのだが、相談に来る人は皆、一生懸命な人だ。良きにつけ悪しきにつけ、少なくとも一生懸命、そのことを考えて、向き合おうとしている。

Bさんも、そういう人だった。自分の過去の子育てについて後悔の念をいろいろと述べる。まるでここが教会の懺悔室であるかのように。でも、過去はもう変えられない。変えられないのだから、他人の私が、そこを一つひとつ「そうね、あなたがその時、もっと違う対応をしていれば、この現状にはならなかったかもね」などと追及してみたところで仕方ないし、そんなことをする気は毛頭ない。話をしている側も、そんなことを求めているわけではないと思う。

確かに細かく聞いて行けば、「それはマズかったかもね」ということが無いわけではないけれど、それはしかし、結果論だ。今の不登校、家庭内暴力というある種の結果が出ているからこそ「それはしないほうが良かったかもしれない」という振り返りがあるのであって、その時、その場で、何をしたら良い結果につながるかなんて、正直、誰にもわからないことだ。

こういう話を聞いたとき私がいつも言うのは、「でも、その時はそれが正しいと思って、一生懸命やったんでしょう?」ということだ。そう言うと、多くの方はうなずく。良かれと思って、それが本人のためだと思って、やったのだと。習い事をいろいろさせたことだって、これが別のお子さんなら大人になったとき、「うちの親は私にいろいろな習い事をさせてくれたから、ありがたかった」と言うかもしれないのだから。

親のせいで精神的に追い詰められた当事者の方がこれを読んだら、怒るかもしれない。親の身勝手が自分を傷つけたのに、良かれと思ってとはなにごとか、と。もっと親は反省しろ、と。

確かに、傷つけられた当人の立場にたてばその通りなのだが、ここは保護者支援の場だ。当人の立場にたって親を責める場ではない。神様じゃないんだからこれまでやってきたことを天秤にかけてジャッジする場でもない。

大事なのは、親御さんが自分に向き合っていくことを、ほんのちょっとだけお手伝いさせてもらうことなのだと思っている。だから、基本的には、相談者の言うことを否定しない。そもそも後悔の念を口にする人はすでに反省しているわけなので、そこをこちら側からたたみかけて反省させるのは行き過ぎだと思うし、そんな立場でもない。

結果的にうまくいかなかった、はっきり言ってしまえば間違った対応をしてしまったのだとしても、どこかの時点でそれに気づき、自分なりに反省し、現状を改善したいと願う。だから、見ず知らずの人間のところにでも、わらにもすがる思いで相談に来るのだろう。

そういう人を、私たちは否定するのではなく、とにかくお話を聞かせてもらう。相談しようと思った、相談しに来た行為は、尊いものだと思うからだ。

さて、Bさんのことなのだが、外見的には、とても華やかな人だった。うちのカフェに来られるお母さんたちはどちらかと言えばおとなしめの外見の人が多いのだが、Bさんは、うちのお客さんの中では目立つほど華やかな人だ。本人にその自覚はないらしかったが、そういうところも面白いなと思って私は見ていた。この人は、どういう背景の人なんだろう？　と。

相談というのは、相手に興味を持つところから始まるんじゃないかと、個人的には思っているが、この人も興味を覚える人だった。しかし本人はそれどころではない。いつも来ると、必死で、それまであったことと自分の考えを、私に向かって話してくれた。この人は、下のカフェで他の親たちと交わって経験を分かち合おうとは思ってないようだった。

Ｂさんとの個別相談は、何回も繰り返された。私が担当した相談の中でも、最も回数の多い人だったと思う。彼女は私と向き合うといつも「前はどこまでお話ししましたっけ」と、前回の面談から起きたことを順にすべて、お話ししてくれる。そして、二つ、三つの質問をされる。大体いつも、このパターンだ。

先にも書いた通り、Ｂさんは最初の頃、必死で子どもを学校に戻そうとしていた。話のすべてから、「これは一時的なもの」であると考えたがっているのがうかがえた。なにかカンフル剤のようなものを投下すれば、息子は立ち治ってまた学校に行ってくれる、と。自分の息子は発達障がいかもしれないが、だからと言って不登校になる理由にはならないでしょ、というところらしい。

それはその通りなのだが、問題は、彼女の息子さんの心は、学校に行けなくなるほどに疲れてしまっているということなんだろうと、聞きながら思った。彼女の中ではまだ、障がいというベースと、目の前に現れている状態とがつながっていない様子だった。しかしそんな彼女にも「腑に落ちる」瞬間が訪れることになる。

学校へ行かせよう行かせようと、あの手この手の努力を繰り返していたＢさんが、ある時、ふっとそのループから抜け出す日が来た。息子さんが、単に発達障がいというだけでなく、知的障がいもあわせ持っている、という検査結果が出たのだ。ドクターには「よく今まで通常学級でやってきましたね」と言われたらしい。

えっ、知的障がいがあったのに普通のクラスにいたの？　と思われるかもしれないが、障がいというレベルまではいかなかったとしても、普通よりも知的レベルが低いものの通常学級で学んでいる生徒というのは、実は結構いる。

そして発達障がいと知的障がいと併せ持っていることも、別に珍しくもないのだが、彼女は、息子さんのことを「知的レベルは普通」と思い込んでいたので、そんな結果が出たことに大変驚いていたようだった。私にもその検査結果を見せてくれながら彼女は「腑に落ちたんです」と言った。

「これまで息子のことを〈不登校〉という枠組みでしか見ていなかったんですけど、発達障がいでしかも知的障がいがあると思って見ると、いろいろなことに、いちいちすべて、納得がいったんです」

そのころから彼女は、どうしても学校に戻そうということを言わなくなった。そしてこのころから、彼女の雰囲気が大きく変わっていった。

それからもBさんは私のところに何度も来て、その都度、あったことを報告してくれた。その流れは前と変わらなかったが、話の中身は大きく変わっていった。彼女は自分自身でそのことに気が付いていているようだった。

彼女は言った。

「以前の自分なら、なんでできないの！　と言っていたことも、『そりゃそうか』と思えるようになった。高校も、県立全日制に行かせたいと思っていたが、今はまったく望んでいない。通信教育でも定時制高校でも、どこかに行ってくれたらいいくらいに思っている」

この時の相談記録に、私の個人的な感想が書かれている。

「以前なら学校に戻そう戻そうとばかり思っていたが今は思わなくなったとのこと。Bさん自身が頭一つ抜け出たような感じ？　知識と心が釣り合ってきたように見える」

Bさんはとても正直な人で、自分の心の在り様を話すとき、ウソをつかない。ふつう、自分をよく見せようとして「盛って」話す人というのは結構いると思うが、Bさんにはそれがなく、カッコ悪い自分も正直にさらけ出してくれる人だった。そういう彼女の姿に、私はとても好感を持っていた。

相変わらずBさんの息子さんは学校にごくたまに行き、大半は家にいる、という状態で、たまに学校に行けたとしても、1時間くらいであっという間に帰ってきてしまったりする。しかし、Bさんは「そういうときも、以前に比べたらさほどがっかりしない自分がいるんです」と話してくれた。私を相手に話しながら、Bさんは客観的に自分を見つめ始めていた。

そのころからBさんは、個別相談が終わって下のカフェに降りてからも、他の人と話すようになった。うちのイベントにも参加し、

うさぎカフェでのハーブ・クラフト講座

他のお母さんたちと交流するようになっていった。調理のイベントに参加しながら「私は本当に女の人らしくないので、こういう女性的なことをするのが楽しい」と笑った。

とても女性的なイメージなのに、そうではないと話すBさん。だんだんと、Bさん自身がどんな背景を持った人なのかも教えてくれるようになった。華やかな外見のイメージと反して、実はガテン系の肝のすわった女子だったこととか、音楽が好きでロックバンドでドラムをやっていたこととか……。

個別相談をしていると、こうした、お母さん自身のお話になることが結構、ある。そういうお話を聞かせてもらえるのも、私は大好きだ。

子どもの障がいという、一見共通した切り口から入ってきても、お母さんたちのバックグラウンドは人それぞれ違っていて、お母さんになる前の自分自身のことを話してくれる。それと今の自分、子ども、子育て。それらが別々のものでなく、つながって、今につながっている。

障がいの相談の部分だけでは決してわからない、その人自身の姿。みんな、親である前にひとりの人、ひとりの女性。いろんな思いを抱えながら一生懸命生きている。そういう人たちを前に「今時の親は」と批判したり、「障がい児の親」というカテゴリでひとくくりにすること自体が、おかしいのだ。

Bさんはその後も、2、3カ月に一度のペースで私を訪ねてきてくれていたが、明らかに、彼女が息子さんに抱く気持ちはより柔軟なものに変わっていっていた。そして、彼女が息子さんのありのままを受け止めるようになってきたら、息子さんも次第に落ち着きを見せ始めたらしい。以前よりも穏やかな時間が、少しずつ増えていったようだった。

そして、息子さんに集中しすぎると互いに辛いから、何か自分の楽しめる時間を持ったら？　と私が勧めていたのを受け入れてくれたのか、新しい趣味を見つけて打ち込み始めたということも、教えてくれた。私は嬉しい気持ちで、それを聞いていた。

Bさんの相談の内容は、明らかに変わり、以前のように、息子さんが思うようにならないことへのいら立ちをぶつけるようなものではなく、私と対話することで自分の心を振り返る、そんな繰り返しになっていった。「話を聞いてもらえて、とても助かる」といつも言ってくれたが、彼女の作業は明らかに「自分自身との対話」だったと思う。

しかし、この相談は思いもよらぬ形で幕切れを迎えた。Bさんの息子さんはある日突然、深刻な精神疾患を発症した。いわゆる急性期になり病院へ入院したのだ。そのことを私に報告に来てくれたときから、Ｂさんは来なくなった。

今、どうしているのだろうと、Ｂさんのことをしばしば、思い出している。きっと色んな困難に、今でも必死で向き合っているのだろう。もう私が力になれる段階ではなくなってしまったのだろう。今、これを書いていても、涙が出てきてしまう。

懸命に生きている人に、なぜ神様はさらに重荷を乗せるのかと思うようなことが、彼女以外にもいくつもある。どうして運命はこんなに、一人の人に残酷になれるのだろうかと思うようなことが、たくさん、ある。

現実は厳しい。きれいごとではない。私たちのような活動をしていても、しょせん表面のきれいなところを少しばかり舐めとっているのに過ぎない。本当に大事なところで力になれない非力さが歯がゆいが、せめて今は、だれか私たちよりも力のある人が、彼女に寄り添っていてくれるようにと願うばかりだ。

他にもいろいろなお母さんたちが、うさぎカフェに来てくれる。

静かに座っていることが多く、そんなに他の人とも積極的に話さないが、それでもなんとなく、ふんわりとした空気でいつもいてくれる人とか。子どもの障がいの話なんか全くしないが、自分の老化を面白おかしく話してくれる人とか。いつもネガティブな話ばかりするのだが、ずっと話していると最終的に「でもうちの子って案外、こんないいところもあるんですよね～」「前から思ったらずいぶん成長したんですよ～」と、こっちが仕向けたわけでもないのに、前向きな結論を自分で出す人とか。

「この人、きっと何か言いたいんだろうなぁ」と感じられるのだが、なかなか話をしない人もいる。わざわざうちのカフェに来るのだから、何か気になることがあるんだろう。それがなんとなく、空気で感じられるけれど、たぶん、自分の胸の内をうまく言葉にできないような感じ。そういうときは、私もただ黙って横に座っている。

横でPCをいじりながら、時々、世間話をポツポツ話しかける。そうすると応えてくれて、だんだんとその人の「人となり」がわかってくる。そういう時間を繰り返すと、だんだんと親しい感じになって、いろんなお話をしてくれるようになる……。さりげなく、自然に、ゆったりと。でも、サインは見逃さないようにすること。今でも、何度やっても、難しい。

次の章では、私たちの考える保護者支援について、少し体系的にお話ししようと思う。

第四章　私たちの考える保護者支援

私たちはただの親の集まりだ。臨床心理士や社会福祉士といったいわゆる士業の人、つまり対人関係の仕事をするため資格を持った人はいない。あくまでピアサポート、つまり親としての当事者同士として、来てくれる保護者の人たちに関わらせてもらっている。

専門性も、特別な技術も持っていない私たちにとりえがあるとしたら、それは当事者性だけ。だから私たちの支援方針は「自分たちがしてもらいたかったことをする」というのが基本になっている。逆に言えば「自分たちがされて嫌だったことはしないようにする」

この方針、ごくごく単純なようだが、長くやっていると、どうしてもあいまいになってくることもあり、気をつけねばならない。そう思っていてもきっと、何かしらのミスを私たちはあちこちでしているのだろう。そのミスのせいで傷つけてしまったり不満を持たせてしまったりした保護者の人たちには、申し訳なく思う。そういうことをひとつでも減らすために、自分たちのしていることを常に謙虚に振り返る気持ちを忘れてはいけないと思っている。

障がい児の保護者に支援が必要な理由

私たち、というかリーダーである私の考え方は、姫路市にある総合福祉通園センターを築いた宮田広善先生の著書『子育てを支える療育』の影響が大きい。宮田先生から直接お話を伺ったときに、私は自分のうまくいかない子育ての理由を知ることができた気がして、救われて、その場で涙が出たものだ。

以下は、宮田先生のお話から得たことを基にして、私が人前で「なぜ保護者支援が必要か」について説明するときに、いつもお話しする内容だ。

〈障がい児の保護者に支援が必要な理由①難しい子育てをしているから〉

●障がいのない子どもは、親に正しいレスポンスを返すことができる。正しいレスポンスとはすなわち、抱き上げれば泣き止む、あやせば笑う、といったようなこと。そういう正しいレスポンスにより、親は自分の子どもへの働きかけが正解だと知ることができる。そのようなやりとりが、親の子育て力を伸ばしていく。

●障がいのある子どもは、正しいレスポンスがなかなか返せない。抱き上げれば反り返って嫌がったり、逆に親以外の他人に抱かれても平気だったり。正しいレスポンスを返す力の弱い子どもを持つと、親はどういう関わりが正しいのかわからないため、子育て力が育ちにくい。よって、障がいのある子の親の子育ては下手に見える。

●下手に見えるので、人から「親の育て方が悪い」と批判され、親は自分の子育てに自信を失う。「自分が親としてダメだから」うまく育てられないと思ってしまいがち。だが、実際には、「正しいレスポンスを返す力の弱い子ども」を育てているからこそ不器用な子育てになってしまうわけなので、決して個人の資質だけの問題ではない。

●親にとって障がいのある子どもに合った、適した関わり方というのは（親自身には障がいがないため）正解がわかりにくい。子どもと自分とで感じ方に違いがあるため、親は自身の「感覚に聞く」ことができない。「自分がされて嬉しかったこと」や「一般的に子どもが喜ぶだろうこと」「一般的に子どもにとって良いとされること」を実践してみても、障がいのある我が子は、反応が薄いか、嫌がる。結局、自分自身の経験に基づいて子育てしてもうまくいかないということになる。

●自分の経験が自分の子育てに活かせないので、親は、障がいのある子の子育てについて、知識を身につけ、頭で考えて子育てしようとする。講演を聞いたり本で読んだり、ネットで調べたりして得た知識で子育てをしようとする。

●しかし、子育てとは本来、本能的な行為であるため、すべてを頭で考えて子育てしようとすると難しくなる。必ず脳を経由しないといけない、本能に逆らう行為になるから。

●難しい子育てを最初から器用にできる親などいるわけもなく、親の自信はさらに下がる。

●子育て力は上がらず、メンタルが弱る。子どもに対してイライラをぶつけがちになる。自分で育てられる自信がないため、子育てを外注しがちになる。

……というわけだ。障がい児の親に、支援が必要なわけが、少しは伝わっただろうか。

そして、もうひとつ、支援が必要な理由がある。

〈保護者に支援が必要な理由②子どもの障がいを受容する道のりが長いから〉

●障がいのある子どもを持つということは、親にとって普通、予想していない事態である。

●誰でも、子どもが生まれてくるときに、「子どもが生まれたら一緒にこんなことをしよう、あんなところに行こう」などと夢を持つ。子どもと共に歩む幸せな未来をなんとなく思い浮かべる。

●つまり、生まれてくるであろう「障がいのない、健康な子ども」というものを、無意識のうちに頭に思い描いている。

●ところが、生まれてきた子どもに障がいがあると知る。すると、思い描いていた子どもとの未来は無い（かもしれない）、という事実に向き合わねばならなくなる。

●ところが、この事実に向き合うのが、難しい。「自分のところに生まれてくると思い込んでいた健康な子ども」の幻影を、なかなか消すことができない。（向き合うための細かなプロセスについては、私たちが自費出版で発行している『倉敷子育てハンドブックひとりじゃないよ』のvol.2を参照）

●このような事実に向き合うには「受容の苦しみ」を伴うが、その苦しさを乗り越えて行くのには、誰かに話を聞いてもらうことがとても有効。何度も何度も、苦しさや葛藤、納得いかないことについて、語る作業があったほうがいい。人に伝えるために言語化することで消化されていくことは、多い。

●ところが、最近は親が受容の途上で苦しんでいるときに、それをしっかり語らせてもらえる場というのが極端に少ない。

●しっかりと話をする機会がないと、「向き合う」ことがうまくできないまま、子どもがどんどん大きくなってしまう。

●「向き合う」ためのサポートがないまま、親が自分の感情を未消化のまま押し殺して子育てをしていくと、自分のやりきれない想い、納得できていない想いが子育てに影響してしまう（もちろん例外もある）。

●影響とは、「本当は自分のところに生まれてくるはずだった健康な子ども」像を心の中から消すことができず、目の前にいる子どもに、「欲しかった子ども像」を重ねたまま子育てすることになってしまいがちだということ。そうなると、障がいのある子に合った適切な子育てというものがしにくくなる。

●つまり、必要なサポートがないまま子育てしていくことにより、障がいのある子どもの育ちそのものにまで悪影響が出やすくなる。

こんな風に箇条書きすると、「どこから持ってきたの、その論法は」と思われるだろうが、この考え方は、私自身の体験による実感や、障がい児の親たちの話や、これまでの観察に基づいている。特にこの、受容の難しさという感覚は、当事者ではないとなかなかわかり得ないようなので、あえてこのように、なるべく明確に説明するようにしている。ちょっと論法に決めつけ感があることは自覚しているが、そう間違ってはいないのではないかと思っている。

ただ、このように箇条書きで書かれてもしっくりこないかもしれないので、ここで、私がこのような考えに至るようになった、親としての原体験と言えることを、話の寄り道のようだが紹介しておこう。

仙台での子育て原体験

私の子育ては、宮城県仙台市で始まった。今の活動を語るうえで、仙台のことを抜きにしては語れないので、このことだけは少し細かく書いておこうと思う。

結婚してすぐに夫の転勤で仙台に引っ越した私は、その時初めて、自分の地元以外のところで暮らすことになった。それまではずっと出身地である名古屋で、実家暮らしをしており、名古屋以外のところを知らなかった。私は当時まだ24歳で、この引っ越しに不安しかなかった。なにしろ、県外といってもすぐお隣の県に引っ越すようなものではない。旅行ですら行ったことのない東北に住むことになったのだから。

愛知県から宮城県は、遠い。１９９５年の春に、私は先に転勤して仕事を始めていた夫に遅れて、仙台に移り住んだ。その時既に、第一子を妊娠していた。私の、親としての歴史は、仙台から始まることになった。

思い出というのは、景色や音や匂いとセットになっているものだと思うが、私の仙台の思い出は、最初に着いたときの印象と、今でも変わらない。今住んでいる倉敷とは、まったく違う景色だ。東北の中心地、仙台は、空気がひやりと澄んでいた。

冴え冴えとした空気の中に広がる、杜の都。

宮城県というのは、地図で言えば、縦に長い形をしている。だから、東西は狭く比較的簡単にお隣の山形県まで行けてしまう。仙台市の西側はずっとすべて山で、有名な温泉地も多数ある。一方、東側は太平洋に面しており、海に沿って広々とした平野が広がっている。

私が暮らしていたのは、そのあたり。仙台市、若林区というところだった。若林区は郊外で、すぐ近くに広大な田畑が広がっていた。それはそれは広大で、海まで数キロにわたってすべてが田んぼだった。

地元から遠く離れたところに住んだことのある人には覚えがある感覚ではないかと思うが、生まれ故郷と環境がまったく違うところに住むと、ずっと「観光気分」が抜けないものだ。初めて見る光景だらけなので、ある意味ずっと、いろんなところで違和感がある。

文化も、そこで育つ植物も、店に並んでいる生鮮食品の種類も、人々の話す言葉も。車で少し走ると、眼前に現れる光景にもいちいち驚かされる。その違和感は、旅情と似たものなので、ずっと長い旅行をしているような気分になってしまうのだ。

私の場合、仙台に住んだのはたった4年間だけだったので、結局、その間ずっと旅行気分が抜けなかった。仙台市民になりきれずに終わってしまったし、深い人間関係も作れなかった。土地に馴染みがないとそれだけで孤立しやすいが、私の場合は、別の理由もあって、余計に孤独を感じることになった。産んだ子どもに障がいがあったからだ。

私が、子どもの育ちに違和感を持ち始めたのは、0歳代のことだった。

できるようになるはずのことが、その月齢になっても、一向にできない。5カ月でできるはずのことが5か月が来たぴったりその日にできるようになると思っていたわけではないが、それにしても遅い。

まず、「笑う」ということが遅かった。「これが笑顔かしら?」と思えるものが出てきたのは4か月たったころだったと思う。おすわり、ハイハイ、つかまりだち……すべて何か月も遅れていた。

実家から遠く離れた場所で子育てしていた私には、頼れるものは市販の「育児書」だけ。育児書はものすごく、読んだ。かじりつくようにして、読んだ。どの項目にも必ず最後に「ただし発達速度には個人差があります」と書かれている。うちの子はこの「個人差」の中でもゆっくりの中に入るのかな~と思っていた。思おうとしていた。

そんな不安を感じつつも、毎日、日中、家に赤ちゃんと二人きりでいる私は、「子育ての仲間を作らなくちゃ」と、とても思っていた。独りぼっちでいることに慣れていないし、人生で友だちがいなかったことはないので、とにかく見知らぬ土地になじむためにも、親子で付き合えるような友だちを見つけよう！　と思っていた。

当時はまだネット社会ではなかったので、地域の子育て情報誌などを見ながら、「親子でお友だちになれる方、ぜひ一緒に遊びましょう！」などという掲示板情報を見て電話して、実際に訪ねて行って親子で会って遊んだこともあった。今思うと、よくやったなぁと思うのだけれど、そのころは、自分を孤独にしないことで必死だったんだろうと思う。

土地勘もない中で、見ず知らずの人の家に訪ねていくんだから、勇気があるというか、怖いもの知らずというか……。まるで「出会い系」だ。ただし相手は母子だけれども。しかし、やはりというか、そういう付き合いは、会っていきなり気が合うことも少ないので、大抵そんなに何度も会うことにはならない。

やはり親子ぐるみで仲良くなるきっかけというのは、保健所などが主催する、赤ちゃんのいる親子のための集まりだったと思う。私は区の広報などを隅から隅までくまなく見て、「○年○月～○月生まれのお子さんとお母さんのための○○教室」みたいなものがあると必ず出かけて行って、同じ月齢の子のお母さんと出会おうとした。

そういう場では、やはり友だちができやすい。なにしろみんな、ほぼ同じ年恰好の赤ちゃんを連れている者同士なので、日々同じようなことをしているから、共通の話題も見つけやすい。そのような場で出会ってグループで付き合うようになった人たちが、何組かいたと思う。各人の家を順番に回って、子どもを遊ばせながら（まだ遊ばないが）お母さんたちがおしゃべりする会をしたりしていた。

でも実は、そういう場を持てるようになる前にきっかけになった集まりがある。今でも印象に残っているその集まりとは、保健所が主催する生後3か月の赤ちゃんのお母さんのための育児教室だった。

その時の私はとにかく大人と話すことに飢えていた。だから、そういう集まりがとても嬉しかった。赤ちゃんと外出すること自体もまだ少なくて、持ち物に不足はないかドキドキしながら出かけた。本当に、「お母さん初心者」だった。その教室で何が行われたのか、細かいことはもう覚えていないが、なにかのお話があったあと、参加者で座談会をすることになった。

私は、まだたった3か月だったが、子育ての大変さを人と共有できることを期待していたのだと思う。何しろその時の私にとって、赤ちゃんとの暮らしとは、それまでの生活と違いすぎた。

言葉は悪いが、私は犬猫すら飼った経験がなく、自分の思い通りにならず意思疎通もはかれない別の生き物と暮らすということがこんなにプレッシャーになるものだとは知りもしなかったのだ。

変な話、赤ちゃんとの暮らしが始まった時、「えらいことになった」みたいな感覚だった。本当に、わかっていなかったんだと思う。命を預かり育むということが、どういうことなのかが。

赤ちゃんの子育てというのは、何しろ休む暇がない。完全に独りきりになれるときがない。ずっと、その「命」に対する責任があり、毎日ケアをし続けなければならない。もう、この責任から逃れられない。そんな当たり前のことに、産んでから気がついた。本当に、恐ろしく子どもだったと思う。

そういうわけで、日々とまどいに満ちていたし、わからないことを聞ける相手も身近にいないまま、見知らぬ土地で子育てを始めた私には、この育児教室は、とても楽しみなものだった。

自分と同じような初心者マークのお母さんたちに会える。「仲間」に会えることを期待した。困っていることについて「そうそう！」「あるある〜」と共感し合えるのじゃないかと思っていた。しかし、その日の「座談会」は、想像していたのとは、まるで違っていた。

しあわせ自慢

その座談会は、保健師さんが進行役をして、「赤ちゃんとの暮らしはいかがですか？何か心配なこととか、ないですか？」などと問われ、話を順にしていく形だったのだが、しょっぱなから驚かされたのは、トップバッターで話した人の話の内容だった。

「赤ちゃんがとても可愛くて、毎日癒されています。うちの子はとてもおりこうさんで、続けて良く寝てくれるし、ミルクもよく飲んでくれて、何も困っていません。親孝行な子だなぁと思って、親バカなんですけど、可愛くて仕方ありません」

そんなことを言ったのだ。私は内心「ええええ〜」と叫んだ。なにしろそのころの私は、完全母乳に移行するかしないかの微妙な時期で苦労していたし、夜も必ず何度か起こされており、夜泣きがひどくて、睡眠不足のあまりイライラして赤ちゃんを床にたたきつけそうになる衝動と戦っていたからだ。

さあ、それからが悪かった。そのあとの話は、全員が「赤ちゃんが可愛い、子育ては楽しい」のオンパレードになったのだ。保健師さんは、ファシリテーションを完全に失敗していた。一番最初に発言した人の「幸せオーラ全開」モードな発言はあっと言う間にその場にいた全員に感染し、もうネガティブな発言はできなくなった。

みんな子どもが可愛い、子育ては楽で特に困っていない……そんな発言ばかりが続き、私がその場で共有したかった困りごとや不安や不満は、とてもじゃないが発言できない空気になってしまった。こんな雰囲気の中で自分だけ、「うまくいっていないんです」なんて言ったら、哀れな人と思われそうだ。私も当然、右へならえで、子育ての喜びを語った。

本当に、皆にこんなことを言われてしまったら、もう、困っていることや、できないことの話は、完全に封じられてしまう。最悪なパターンだった。

そして、なお悪いことに、子育て初心者マークの私には、これがスタンダードなものとして、刷り込まれてしまった。つまり、「子育ては楽しいと言わなければいけないんだ」というように。これは結構その後、長い間いろんな場面で影響することになった。

この時の経験から、のちに団体活動でグループ相談の場を持つことになったときに、「誰に一番最初に話をしてもらうか」ということが大事だと学んだ。口火を切る人間が何を言うかで、その場の話の流れは大きく左右される。

ただの気軽な座談会なら流れに任せていてもいいのかもしれないが、その場の目的が「悩みごと、心配ごとの共有」であるのなら、場の空気のコントロールは大事だ。プライドが高く正直にものが言えない人をトップバッターにしてしまうと、後の人間が正直になれなくなってしまう。

私が経験した、赤ちゃんのお母さんたちの座談会でも、保健師さんはあまりに皆が前向き発言ばかりするので、心配になったようだった。ぐるっと発言が一周したところで、「皆さん……大丈夫ですか？　困ってらっしゃることとか、ないんですか？」と声をかけたが、時すでに遅し、だった。

今思うと、幼児を抱える若い母親同士での関係性は、見栄の張り合いが大半だった。私もそのころ20代の半ばであったので、人としてのキャパが小さくて、困っていることをストレートに表現できるような勇気も持てなかった。

周りがみんな「しあわせ報告」をするような環境では、困っていることや不安に思っていることを言うのは、自分だけが不幸ですと宣言するようなものに思えて、とても口に出せるものではなかった。

その後、出会ったお母さんたちとママ友としてお付き合いできるようになり、見知らぬ地での暮らしも子どものおかげでつながりが持てて、前ほど孤独ではなくなったのはありがたかった。ありがたかったが、その一方で、我が子はどんどん、「普通」からかけ離れていきつつあった。

その後の支援活動につながる経験は、このころにしたものが多いと思う。例えばある時、仲良くしていたお母さん4人で、食事に行く機会があった。

ママ友仲間なので、当然話題は、子どものことになる。あるママ友が言った。

「ときどき、びっくりするようなことを言うよねぇ？」

「あー、そうそう。そんな言葉どうして知ってるの？　みたいなねぇ」

ママ友たちは、ほほえましいエピソードとして、わが子の意外な言動を披露しあった。

でも、私は、何も言えずその場にいた。なぜなら、私の娘はその時、まだ一言もしゃべっていなかったからだ。

人生のいくつかの場面は、何十年経っても消えずに残るものだが、この時のこの場面も、私の中で消えていかない。恐らく、この時の私のような思いをしている人たちが、大勢、いるはずだ。自分だけが子どもの成長ぶりについて語れない。この、みじめで、いたたまれない感覚。孤独だった。人に囲まれていても、孤独だった。

他の人と子どもについて話すことができなくなって、みじめな気持ちが増してくると、人はどうするのか。いろいろな行動があると思うが、私の場合は、「ほかのことを自慢することで人に対抗しようとする」だった。今考えると、実に愚かしい行為なのだが、でも今のお母さんたちを見ていると、結構ありがちな行為なのではないかとも思う。

私の場合は、自分の持っている物などを人に自慢することで、対抗しようとした。今思えば実にくだらないし、そういうことをする人間は周囲にも嫌われる。物の自慢をされた側にしたら、ただ不愉快なだけだし、なぜ相手がそんなことをしてくるのかも理解しがたかっただろう。

でも実は、ママ友たちが「ただ子どもの成長についての話をするだけ」で、私にとっては、自慢に聞こえていたのだ。そんなこと、相手は知るよしもないし、なんの責任もないわけだけれど。私は、細かいヒビがたくさん入っている「自尊心」というものを、他のものを自慢することで立て直そうとしていた。バカげている。

バカげているのだが、のちにこれも、ある種の正常な防衛反応だったのではないかと思うようになった。今、私が接するお母さんたちの中に、当時の私と同じような姿を見て取ることが、ちょくちょく、ある。「自分はみじめな存在ではない」ということを、何かの自慢をすることで表そうとする人。そういう人は、周りが敬遠するので、友だちがいなくなり、孤立しがちだ。当時の私も、そうだったと思う。

やがて一歳半が来る頃には、わが子の「異常」は疑いようがなくなっていた。どれもこれも月齢より著しく遅れている。まもなく1歳半が来ようと言うのに初歩すらまだだった。言葉も、無かった。

そのころの自分が書いた母子手帳を見ると、「●●はできますか?」という問いに「いいえ」が並んでいる。それを見るだけでも、今でもなんだか胸が苦しくなるのだが、更に苦しくなるのは、その横に、言い訳めいたように「●●は、するようになった」と、わずかながらの進歩を欄外に書き込んであることだ。当時の自分が、あまりにも哀れに思えて、つらい。

その時の私はまだ、26歳だった。当時の自分は若くてバカだったけれど、そんな自分のことを、かわいそうに思う今の自分が、いる。

当時、子どもの発達について夫には話していたし、夫も話を聞いてくれていたのだが、やはり、母親として一人で思い悩んでいた。心配をかけるから実家の親にも話せない。子どもが着々と順調に発達して行っている、ママ友たちにも、話せない。

だんだんと、ママ友たちに話せることが少なくなっていった。もし心配を口に出したとしても、きっと困った顔をするだろうし、当たり障りのない慰めの言葉だったら、聞きたくないと思った。誰も、この気持ちを分かってくれる人はいなかった。

もしできることなら、あの時の自分に声をかけてあげたいと、今でも思う。心配なんだね、わかるよ。でも子どもはきっと成長していくからね、そしてあなたの気持ちをわかってくれる仲間は、いっぱい、いるからね、と。

今の活動はきっと、過去に救えなかった自分のためにやっているのだろうと思う。誰かの力になろうとすることは、結局、過去に救われなかった自分を救おうとする行為なのだ。

児童相談所へ

1歳半が来る数日前に、娘は初めて少し、歩いた。ぎりぎり健診に間に合った……と思ったが、問題はそういうことではなかった。

1歳半健診で、予想していたことだが、うちの娘は、出された課題ことごとく、できなかった。できなかった人間はどうなるかというと、当時の仙台市の場合は、区ごとの保健所で実施する母子教室を案内された。そこで、お子さんの発達を見させてください、というのだ。

そのころの私にしたら発達の遅れについては否定しようもないことだったので、母子教室につながれたことも、「やっぱりね」という感じだった。だから、その案内をもらったこと自体は驚かなかった。当時の私は、娘の発達にプラスになることならなんでもしようと思っていたので、「何かいいことをしてもらえるならば行こう」と迷いなく思ったのだ。

そこで、私たち親子は数か月間、母子教室に通うようになったのだが、なんとそこですら、うちの子は浮いていた。他のお子さんは、保健師さんたちがしてくれるバルーン遊びなどで遊ぶのだが、うちの子は、部屋の隅っこから動かなかった。なにしろ、普通の子どもなら喜ぶことを喜ばない。

娘のこの姿勢は当時、あらゆるところで貫かれていて、私を長く悩ませた。公園に連れて行っても遊ばない。家庭用プールを嫌がる。おもちゃを買ってやろうと店に連れて行っても何も選べない。

子育て初心者で、自分の経験の中を探り探り、「子どもだったらこれを喜ぶはず」と乏しい知識で知っていることを子どもにしてやるしかできなかった私にとって、自分の経験がまったく役に立たない相手というのは、手強過ぎた。

それでも、母子教室のようなところに通っていれば、発達に何かの良い変化が起きて、徐々に伸びてくるのかなと期待していたと思う。しかし、結局、そうはならなかった。母子教室から私たち親子は児童相談所へつながれた。

そのとき、児童相談所から来たという先生に、私はこんな風に言われた。

「お子さんの発達に、ちょっと課題があるようだから、見させていただきたいんです。それに」

さらにこんな風にたたみかけられた。

「ほら、○○さん（同じ母子教室に通っていた親子）見て。上手にお子さんの相手をしているでしょう。お母さんもね、お子さんの接し方を学んだ方がいいと思うしね」

振り返ってどの時、どの言葉が一番ショックでしたかと聞かれたことがたびたびあるが、この時のこの先生の言葉ほど私にショックを与えたものはなかったように思う。

今なら、この先生の言っている意味も、わかる。私は確かに子育て初心者マークで、子どもと上手に遊んでやる、やり方がわからなかった。自分でも子どものかかわり方がいかにも不器用だと思っていたし、自分で思っているくらいだから、経験のある他人からはなお、そう見えたと思う。

もともと子どもにあまり興味もなかったし、犬猫すら飼ったことがなかったので、自分以外の命を愛でるという経験に、あまりにも乏しかった。正直、自分には母性が欠けているのではないかと、のちに二番目の子どもを授かるまで思っていたくらいだ。

でも、この時このタイミングで、「お子さんの接し方を学んだ方がいい」と言われたのは、正直きつかった。しかも、他の親子、他のお母さんと比較されて、そう言われたのだから、たまらなかった。

「私は、ダメ親だ」

そういう風に自分の中で自分にレッテルを貼った瞬間だった。

「この子の発達の遅れは、要するに私のせいなのだ」

この時点から、私は、自分のせいで子どもの発達が遅れたのなら、逆に言えば、自分さえ努力すれば発達の遅れは取り戻せるかもしれない、と思って、必死になった。発達の遅れを取り戻すためであれば、どんな努力も惜しまない、と悲壮な決意をしたのだ。

今、私が出会うお母さんたちの中に、当時の私の姿とダブる方が何人も、いる。みんな、必死なのだ。その必死さの陰にあるのは、「自分が悪いからかもしれない」という思いだ。「自分が親としてダメだから、この子はこんなことになったのではないか」

これは、自分という存在、親としての存在を、脅かす問いだ。

さて、ショックは受けたが、私は娘と共に児童相談所へ行き、そこから更に母子通園施設を紹介されて、行くことになった。やれることはなんでも、やらないといけないと思っていたから。

しかし、見学のためにその施設に初めて入った時の気持ちを、今でも覚えている。正直に言うと、「ここは自分たち親子が来るところじゃない」と思ったのだ。違和感があった。強い、違和感が。なんだか見慣れない姿をした子どもも、いた。

後から知ったのだが、医療用のヘッドギアをかぶっていたのだ。頭部が体格に比べてずいぶん大きい子も、いた。まさに「障がい者の施設」。それは、それまでの私には無関係のところだったので、内心かなりのショックを受けた。

こういう時に人間は、自分の中に隠れていた「差別意識」に気づいてしまう。子どもを授かるまで、自分としては、さして差別意識の強い人間だとは思っていなかった。なのに、いざ自分がそういう場所に足を踏み入れる立場になってみると、拒否感が起きた。

結局、自分に無関係なのであれば同情的になれるという偽善を、自分の中に見ることになったのだ。この気づきは後々まで私を苦しめた。

今のお母さんたちに会っていても、時々同じようなことを言う人に会うことがある。「障がいのある子を受け入れられない自分は、結局、障がいのある人を差別しているんだと思って、そういう自分がいやになる」

と。正直、ほとんどの人間は、そういう類の偽善的な面を持っているのではないかと思う。表面上、「いい人そうにふるまう」というか。

宮城県・みちのく杜の湖畔公園にて、娘0歳。

特に大きな苦労もなく、のほほんと育ってきた私は、それまで、そういう自分の中の「偽善」にちゃんと向き合うタイミングがなかったのだ。それで、自分のことをそれなりに善良な人間であるかのように勘違いしていた。

ところが、いざ「障がい児の親」という立場になってみると、そういう「偽善的な自分に向き合う」局面がしばしば、ある。そのたびに、自分を試されているような感じがする。自分の醜さに気づいてしまう。

しかし母子通園施設に通いだした当時の私は、ちゃんと「偽善に向き合った」わけではなかった。「ここは一時的に来るだけの場所で、娘の発達さえ追いついてくれれば、もう関係なくなるわ」と思うことでやり過ごしてしまった。

そんな風にしか、当時の私には考えられなかった。まだまだ、その施設に通う他の「障がいのある子どもたち」のことを、別の人種であるかのように感じていたのだろう。娘、2歳5か月。母子通園施設に通うことになった。

母子通園施設へ

母子通園施設で出会ったのは、とても優しい先生方と、ごく普通のお母さんたちと、多様な子どもたちだった。最初は「ここは私たちが来るところじゃない」と思ったものの、いざ通いだすと、私は、それまで得られなかったやすらぎを、ここで感じることができた。

通いだすまで、私は、「障がい児の親」というものを、何か特別な人のように思っていたのではないかと思う。別世界の人、のように。正直、やはりそこにも差別意識が根底に流れていたのかもしれない。

でも実際にその中に入ってみると、みんな普通の人だった。当たり前だ。当たり前なのに、そう思っていなかった。この感覚を例えると、どんなものかと思ったのだが、なかなかうまい例えが見つからない。

うまい例えが見つからないのだが、今でも、周りの人で、私のことを「障がい児の親」として、どこかフィルターを通して見ているな、と感じることがある。自分のほうにはフィルターがないので、「なんで」と思うのだけれど、それでもお互いに知り合っていくと、そのフィルターが取れて行くのも感じる。

この時の私も、変なフィルターを持ったまま入園したが、出会ったお母さんたちはごく普通の人たちで、自然に仲良くなることができた。普通の人たちなのだが、その中にいるととても楽になる自分を感じた。楽に、呼吸できた。なぜなら、どの人も、子どもに何かの事情があってこの場にいる、とわかっているからだった。

お子さんたちは皆、何かの発達上の課題を抱えていたり、病気を持っていたりした。見た目でわかる子もいれば、わからない子も、いた。でも、「ここにいるからには、何かある」ということは、言わずもがなのことだったので、わざわざ聞く必要もない。

ごく自然に笑っていても、どこかに痛みを抱えて生きている。そういう人たちの中にいることは、それまで、子どもの成長を嬉し気に話していた普通のお母さんたちとの交流の中ではまったく得られなかった安らぎを、私にもたらした。

今、私が、自分の法人で「保護者の居場所」として、同じ立場の人間しか入ってこられない閉じた場を作っているのには、この時の経験が大きく影響していると思う。障がいのある子の親は、子どもが小さいころ、自身のアイデンティティを揺るがされるような精神的な危機に陥る。日々、いろいろな場面で、心に細かい傷が無数についていくのだ。そういう時期に、立場の違う、理解のない人とかかわることは、とてもきつい。「相手と対等でない」とわかっている間柄でかかわるのは、若くて未熟な人間には、負担が大きい。

だからこそ、私が自分の法人で作ったのは、「同じ境遇の仲間と共にいられる場」だった。こういう閉じた場のことを批判する人がいることも、承知している。「そういうことだと、社会の理解をいつまでたっても得られないじゃないか」と。

でも、人は、傷ついているときにまで、社会に立ち向かわないといけないのだろうか。

立ち向かって更に傷つけられて、立ち直れなくなったらどうするのか。

私は、傷つきやすい時期の親ほど、守られるべきではないかと思っている。心が柔らかくてむき出しで、ちょっとしたことで破けてしまいそうになる時期には、殻の中に入れて、守ってあげたっていいと思っている。いつまでも、そんな時期が続くわけではないと、経験上、知っているから。

親たちもいずれは、ちゃんと、社会に交わっていくことができるようになる。それは、人として親として経験を積み、たくさん涙を流したあとで、次第にそうなっていくのだ。そのうちには、引け目を感じずに社会に交わり、「うちの子はこういう子です」と堂々と言えるようになる日も必ず来る。

いつその日が来るのかは人それぞれだと思うが、少なくとも、そういうタフさやしなやかさを身につけられるようになるまでは、同じ立場の者同士で傷をなめ合って悪いことはない。社会の理解を求めるために、今、この瞬間にも傷口から血が流れるような思いをしている親子をさらしものにするというのは、本末転倒というものだ。

社会の理解を求める行動は、できるようになった人が、ちゃんとしてくれる。今の、私たちのように。だから、若い親を変に急かさなくていい。社会に向けて理解を求める行動をする人間が、そうできない人間より偉いわけでもない。ただ単に、今立っているところが違う、それだけのことなのだ。

母子通園時代に学んだことは、いくつもあった。それが今の活動に活きている。とにかく、施設の先生たちは、優しかった。あまりはっきりしたことを伝えてこられることは少なかったように思うが、当時の私には、それがちょうど良かったのだと思う。

当時の私は、いわゆる「無理している、がんばり屋さんの親」だった。それは、経験を積んだ園の先生方から見たら一目瞭然だっただろう。なにしろ当時の連絡帳を読み返しても、ネガティブな言葉がほとんど出てこないのだ。フォローしようにもできないタイプ。

なぜなら、「これこれの困ったことがあったが、こんな風にした、いろいろ大変だが、伸びてきているところもあるので、ゆっくり見守ろうと思います」のように、自己完結してしまうのだから。こういうお母さんは、今、私が会う人たちのなかにも、しばしば見かける。弱音を吐くのが、下手なのだ。

そうなってしまったのは、前述したような「子育てについては前向きな発言をしなければならない」という私に刷り込まれたものの影響もあったかもしれない。後ろ向きな発言をして、人に同情されるのがイヤだ。無意識のうちに、そんな風に感じていたのではないかと思う。要するに、プライドが高いのだ。自分は可哀そうな人間では、ない。そう、周囲に見せたかったのだろう。

だから、こういうタイプの親を、「あのお母さんは子どもの障がいの受け入れができているから大丈夫」と、安易に分類してしまわないほうが、いい。それは、あくまで「から元気」なのであって、本当にすっぱり割り切って前向きでいるわけでは、ない。

まだまだ、これから、いろんなことに立ち向かっていかねばならず、先はまったく見えていない。そういう人を、「このお母さんは受容できている」「前向きにお子さんのことを考えて立派よね」などと解釈するのは早計だ。

さらにやっかいなことに、私自身がそうだったのだが、当の本人も子どものことを受け入れられていないと気づいていない。それどころか、「私は受け入れていますけど?」と胸を張って言ってしまうくらいなのだ。

私は、本当に、プライドが高く前向きなことしか言えない親だった。でも、そんな私に対して、施設の先生たちも、同じ利用者のお母さんたちも、優しかった。たわいもないことを話しながら過ごす時間に、安らぎを覚えた。ここでは、引け目を感じずに過ごせる。それだけでもずいぶんと救われた。

ただ、当時の自分を思い起こすと、まだまだ、本当の意味で人に心を開けていなかったと思う。きっと周囲に対して、ずいぶん失礼な言動もしただろう。今で言うところの「マウント」的な行動も数々あったに違いない。

狭いコミュニティの中でも、なお、「私のほうが上よ」「私の方がかわいそうじゃない」「うちの子どもの方があの人の子どもよりもマシ」という態度を取る人がしばしばいるけれど、私も長い間、そういう人間だったと思う。

障がい児の親同士というマイノリティの集まりの中でマウントしてどうする、と今なら思うのだが、私もやはり、やってしまっていたと思う。人と比較して、自分の幸せを確認しないではいられなかった。人との比較でしか、幸せの確認ができなかった。

わざわざ自慢する、優位性を誇示するような態度を取る人というのは、どこか、満たされていない。当時の私の内面をふりかえると、やはり将来についての言い知れぬ不安と、そして「障がい児の親になってしまった」という逃れられない運命を否定したくなる気持ち、世間に対して引け目に感じることがあるからこそ、何かを自慢することで、自分の立ち位置を守ろうとしていたのだと思う。

そうでもしなければやっていられないというか。そういう人は、たいていの場合、孤独だ。孤独なのにそういう態度を取るから余計に周囲に疎まれて、より一層孤独になる。悪循環だった。

私も当時そういう人間だったので、施設のお母さんたちと仲良くはしていたが、深い人間関係は、築けなかった。私はまだ、本当に人として未熟だった。ごく当たり前の人付き合いすらまともにできないほどに。

そんな中、自分以外の命、しかもハンディキャップのある子どもを育てようとしていたのだから、本当に、無理があったと思う。

若い親に対して、世間は厳しい目を向けているな、と、今、活動していてたびたび思う。若い親たちに対し、「大人なのだから」と成熟を求めている。

しかし、社会情勢が厳しかったころと違って、今の人は、大人になるのがゆっくりなのだ。ゆっくりでも、大人になれてしまうというか。

だから、若くして子どもの親になった人に、多くを求めるのには、無理があると思う。至らない親たちを、温かく教え導くものが、必要なのだ。

私は１９９９年、仙台から岡山県倉敷市に引っ越した。その日、空港へ向かうバスから、母子通園施設の赤い屋根が見えた。その光景が今でも目に焼き付いている。私たち親子を温かく受け止めてくれた、ホーム。

ここと、そして当時の私の話を半年に一度ごとにしっかりと聞いて、サポートしてくれていた仙台市児童相談所。この二つの施設に支えられた経験が、私の今の活動の、ベースになることになった。

余談だが、２０１８年夏、私は自分の法人のメンバーと共に、仙台を19年ぶりに訪問した。するとなんと、当時、施設でお世話になった先生が、今は同じ施設で園長先生になられていて、お会いすることができた。

施設は、当時と本当に変わらなかった。ああここが、私の最初の居場所だったと、胸を熱くしながら見回した。先生も、当時と何も変わらず、穏やかで優しかった。

バカな若い親であった私を温かく受け止めてくださった場所と、先生。感謝の気持ちは、今も消えない。こういう温かさを、自分も作りたいと改めて思った。

なぜ、誰も保護者の話を聞こうとしないのか

仙台を出て、倉敷に来てからのことは、細かく書かない。書かないが、とりわけ衝撃

だったのは、どこにも、障がい児の親である私の話を、ちゃんと聞いてくれるところがなかった、ということだった。

仙台にいたころは、半年に一度児童相談所で面談があり、とても長い時間、私に話をさせてくれた。もう何を言ったのか覚えていないが、相当しゃべった記憶がある。

児童相談所の先生は、よくもあんなに我慢強く、人の話を聞いてくれたものだと思う。どう考えても、2時間ぐらいは喋っていた。1セッション90分よ、みたいに区切られた覚えもない。すごい根気だと思う。

でも、私にとっては、それがとても大事な時間だった。だからこそ、赤ん坊を抱えているのに、はるばる児童相談所まで行っていたのだ。

当時の仙台市の児童相談所は、山の中にあった。私が住んでいたところは、仙台の駅前からバスに乗って終点で降りて、さらに15分くらい歩くようなところであったので、当時車を持っていなかった私には、恐ろしく遠い場所だった。

バスに乗って駅前に出て、さらにそこからタクシーに乗り換えて、向かった。もろもろで、片道2時間くらいかかっていただろう。それでも、行こうと思えた。そこへ行けば、話をいっぱい、聞いてもらえたから。

ところが、倉敷に来てから、どこも主体的に親の話を聞こうというところが、なかった。これには私は憤りを覚えた。どうして、誰も、障がい児の親子のことをきちんとサポートしようとしないのか、と。この時の憤りを元に、今の活動ができたと言っても過言ではない。

当時の倉敷で、私の話を一番しっかりと聞いてくれたのは、同じ立場の親たちで作られた小さな会のメンバーだった。そこに行って話をしたとき、これまた私は、よほど一方的に話をしたのではないかと思うが、帰ってきたら、仙台の時と同じく、声が枯れていた。

声が枯れるほど、楽しくおしゃべりができたのが、同じ親の人たちの集まりだったのだ。そして、その時思ったのは、「日本全国どこに住んでいても、障がいのある子を持っていれば、仲間はできるんだ」ということだった。

その後さまざまな人と出会い、深くお付き合いをしていただいているわけだが、私が障がいのある子の親という立場でなければ、見知らぬ土地で、これだけの人間関係を築けただろうか、わからない。

お父さんの役割

ここまで保護者のことについていろいろ書いてきたが、お父さんのことにはほとんど何も触れていない。お父さんの立場の方は、どうやらそこが、気になるらしい。私の夫のことだけでなく、相談者のことがすべて、お母さんの話で、お父さんのことがほぼまったく出てこないのは何故なのか、と。

「……って言われたんだけど、どうしよう」

と、うちの法人のメンバーに相談したら、うちの監事であるアッコさんが、こんな風に言ってくれた。

「でも、それが現実なんだもの。そのままで、いいよ。実際、子どものことを把握しているのはお母さんだし、子どもについて何か言われて受け止めるのも、お母さんでしょ」

実は彼女は私たちに「うさぎカフェ」のための家を無料で何年も貸してくれた、大家さんだ。自身も重度障がいのある息子を持っており、私たちのことをいつも応援してくれている。「うさぎカフェ」でも彼女が来ると、いつもお母さんたちの中心になる。アッコさんと話をしたがる人も多い、明るいキャラの人気者だ。

そんな彼女がさくっと言ってくれた。

「うちの夫だって、そりゃ、そこいらの人に比べたら協力的だし、理解あるよ。でも最近のお父さんたちは子育てに協力的になったと言っても、やっぱり障がい児の場合は、母親にかかる負担は絶大だもの。あれこれ言われて悩むのも、みんな母親でしょ。それが現実よ。だから、いいよ、いいよ、そのままで」

というわけで、お父さんたちのことは、あえて特に、書かない。確かに以前よりも理解があり協力的なご主人が増えたのは、確かだ。しかし、残念ながら障がい児のいる家庭は、母子家庭の比率も、高い。お母さんたちが背負っている重荷はご主人が思うよりも大きく、重い。

子どもとの距離が近く、細やかに気配りし深い愛情を与えられるが、心配のあまり視野が狭くなりがちなお母さん。母親よりは子どもと距離があるため、客観的な視点を持っているお父さん。うまくいくケースだと、こういう男女の特性の差が、良い形で子どもに影響することもあるが、残念ながら実際には、あまり聞かない。

どうしたら障がい児の子育てを夫婦で良いバランスで分担できるのかは、個々の家庭で違うだろうが、お父さんたちは、「うちの奥さんは、他の家の奥さんよりも大変な状況の中でがんばっているんだ」ということだけは、どうか理解してあげて欲しいと思う。

子どもの年齢と「親年齢」は同じ

さて、寄り道のようだが、ここまで読んでいただいたら、障がいのある小さい子どもを抱える親の葛藤というものを、少し理解していただけただろうか。

確かに、はたから見ると愚かだし、不器用だし、「何してんの」ということもいろいろ、やっている。でもわかって欲しい。いい年をした大人だから、もっと物わかりよくふるまえるでしょう、もっと賢くやれるでしょう、と思うかもしれないが、保護者が何歳だろうと、子どもの年齢と、親としての年齢は同じなのだということを。

つまり、3歳の子の親は、親としての3歳児なのだ。未熟で当然ではないか。未熟でも、それでも、心の底では「いい親でありたい」とほとんどの人が願っている。本当はいつも笑顔で子どもを受け止めてあげたいと願っている。最初から悪い親になろうと思っている人など、いるはずがない。

いい親になりたいのになれない自分のことを、親たちはちゃんと自覚している。だからこそ、自己嫌悪に陥り自分を責め、自分のことが嫌いになってしまうのだ。

そうやって苦しむ親たちを、支援する側は、追い詰めないであげて欲しい。その子育ての不器用さを、責めないであげて欲しい。子どもに向き合えないでいる弱さについて、理解してあげて欲しい。もっと温かい目で見てあげて欲しいのだ。

特に子どもの年齢が小さい時ほど、親は傷つきやすい。そういう時期の親をいたわることは、甘やかしではない。親たちのがんばりを認め、ねぎらい、葛藤を理解し、話をしっかりと聞いてあげること。それだけで親は気持ちが楽になり、またがんばろうと思える。

少しでもできていることがあったら、そこを評価してもらえると、粉々になった自信が少しずつ回復してくる。親が成長するにも、それなりの時間がかかる。早く早くと、やみくもに急かさないであげて欲しい。

熱心な支援者ほど、関わっている子どもを大事に思うあまり、「あの親じゃなければ」「子どもが可哀そう」という発想になりがちである。だが、支援者は決して、親にとって代わることができないということを、忘れてはいけない。代われないのであれば、子どものためにも、その親に子育ての自信を持ってもらえるよう励まし、時に愚痴を聞き、認めてあげながら伴走していくしかない。

親が障がいのある子のことを、「腑に落ちる」レベルまで、自然に、ごく自然に、自分の人生の一部として受け入れるようになるまでには、少なくとも10年はかかるというのが、私たちの持論だ。その頃には、「生まれてくるはずだった子どもの幻影」は消え、自分の目の前にいる現実の子どもに向き合えるようになっている。

それまでの長い道のりを、決して急かさず、手と心を放さずに、親たちに伴走支援することを、心からお願いしたい。それが結局、子どもの幸せにつながることは間違いのないことなのだから。

子どもたちのために作った段ボールの家

娘は5歳差で生まれた弟をとても可愛がった

第五章　居場所と団体のつくり方、そしてお金のこと

この本を書こうとした当初の目的は、私たちのような「居場所」づくりをしたいと考える方の参考になるようなものを提供しよう、ということだった。なぜなら、前にも書いたが「障がい児の保護者の居場所」という存在が、レアだから。

これがもっと増えてくれないと、私たちはいつまでたっても引退できない。

そう、実は私たちは、ずっと前から考えているのだが、いつまでもこの活動をする気は、ない。というのは、私たち自身が歳を重ね、子育ての現役世代からどんどん遠ざかって行っているのに、いつまでも第一線で子育て世代を支えようとするのは無理があると思うからだ。だから10年後くらいには第一線から退き、何か活動するにしても形は変えようと思っている。

しかし、いくら私たちが引退したいと思っていても、私たちがいなくなったら「障がい児の保護者の居場所は、あれっきり、なくなりました」

「すてっぷさんたちが〈うさぎカフェ〉やっていてくれたころは良かったけどね、あの人たちがやめたら結局もとに戻ったよね」

……そんな風になってしまうようでは、引退したくても、できない！

私たちは、私たちがいたこと、私たちがしてきたことを、一過性のブームにしたくないと願っている。私たちが活動をしたことで、ビフォーアフターで地域が変わった、障がい児の子育てが前よりも安心してできるようになった。そう思ってもらえるように社会を変えたいと願っている。でなければ、やってきた甲斐がない。

だからこそ、私たちの活動のマインドを引き継いで、保護者のために、温かな居場所を築いてくれる人たちが増えてほしいと願っている。この本は、そのために企画した。一から活動を考えるのは大変だろうから、せめて私たちのやってきたことを伝えることで、居場所づくりの助けになればいい、という気持ちなのだ。

ここまでの流れを整理すると、この本の1章・2章では、私たちの活動の発端から居場所にたどりつくまでのプロセスと、私たちが居場所づくりで大事に考えていることをご紹介した。3章・4章では、居場所だけでなく、うちの法人の活動の根幹である、保護者支援の考え方や実践方法について、ご紹介した。

この章では、これまで書いたことの補足として、主に居場所を継続するために必要な「団体の運営」に関わる実務そのものについて、私たちのしてきたことの流れに沿いながら、解説していこうと思う。

ここまでに書いてこなかったことは、

1．活動を、どのレベルまで、やるのかを考える
2．活動を続けていくためのお金を、どう用意するのか
3．広報活動の大切さ
4．団体のビジョンとミッションを考える

かなり実務的なことになってくるが、ここをお伝えしないと現実、役に立たないだろうから、順を追って書いていくことにする。

活動を、どのレベルまでやるのかを考える

うちが最初に、事業の3か年計画をたてた、ということは第1章で書いた。そして、NPO法人になるときには、ビジョンとミッションを考え整理する作業というのも、本に

載っていた雛形に沿ってやった。今は認定ＮＰＯ法人になっているし、スタッフにわずかながらも賃金を支払っている。

しかし、最初から「こう進もう」と思ってこうなったわけでは、ない。

うちは最初は、ボランティア活動でやると思っていた。お金のことは、「持ち出しをせずに活動が続けられるようなお金が欲しいな」くらいに思っていたと思う。ところが、ある時点で、「給料を払う」という決断をすることになった。でも、そのもっと手前で、もうひとつ違うターニングポイントがあった。

それは、「引き返せないレベルの活動に進むのか、どうか」ということ。

最初、３か年計画をたてたとき、私は心のどこかで思っていた。「自分の手の届く範囲までにしておこう」と。その意味は、「倉敷市の対象となる人全部をカバーしようとするのではなく、自分たちがムリなくできる範囲で、人助けになればいいや」という感じ。やめようと思えばやめられるくらいのレベル。

ボランティア活動なら、責任だって、そこまで重くない。それなりの信念はもってやるつもりではいたが、間違いなく、心の中で自分の退路を作っていた。

ところが、どこかの時点で、進み続ける決意をすることになった……。それが、NPO法人になったときかと言われると、それもまた、ちょっと違う気がする。NPO法人になったところで、やめる人は、やめる。

NPO法人は解散の手続きがなかなか大変なので、「あの団体、NPO法人になったはずなのに最近何してるのだろう」と思う団体は「休眠」状態になっているのかと思うのだが、そんなところは山ほどある。

それよりも、「後戻りができなくなった」と感じたのは恐らく、活動が深くなってきたころだ。何人ものお母さんたちが私たちに真剣に相談しに来てくださるようになったころ。そう思うと、〈うさぎカフェ〉を継続することにした辺りかもしれない。

多くの保護者の人たちが

「ここ（うさぎカフェ）があって良かった」

「一番苦しいときにここに救われた」

「いざとなったら、うさぎカフェに行けばいいと思えるだけで気持ちが楽になる」

などと言ってくれるようになり、カフェが夏とか冬とかの長期休みになっただけで、その間に心身の調子を崩してしまう人が出るようになったころ。

　カフェに来る人が一日に15人以上になる日が増え、カフェの利用者数が年間1000人を超えるようになってくると、もうやめられない。明らかに、受益対象者である障がい児の保護者の人たちに対して、私たちはある種の責任が生じていた。

　うちの法人の活動が深まった転機は、先にも書いたが固定の活動場所を持ったことと、加えて週に2回という頻度で「場」を持ったことが大きいと思う。となると、これから「居場所づくり」をしようという方は、「どれくらいの頻度で居場所を開催するのか」ということが、「どのレベルまでやるのか」ということとほぼイコールになるのではないだろうか。

「居場所」を作りたいと思うあなたは、どれくらいの頻度で、その場を開催しようと思っているだろうか。月に1回程度なら、さして負担感は大きくないだろう。ボランティアでも十分、つとまると思う。

　でもこれが、月に2回、週に1回、週に2回……そして毎日、となると。もう、ちょっと笑えない感じになってくるだろう。こんなに大変なのに、ボランティア、下手したら持ち出しでやり続けるのか。しかも、開催頻度が高いと必然的に利用者が増え、利用者が増えると期待も大きくなり、「困ったらあそこに行ったらいいよ」と紹介してくる人も増えてくる。

その頃には、あなたの作った「居場所」はもう立派な地域資源のひとつになっている。こんなに大変なことを、本当にボランティアでこの先も続けていけるのか。ご主人がこんな風に言ってくるかもしれない。

「うちは余裕がないんだぞ。そんなところに行って遊んでいないで、働けよ」

うちの法人では、実際、そういう局面があった。というか、「そろそろもうタダ働きは無理だろう」と判断をし、賃金を払い始めた直後に、案の定、メンバーの一人がご主人にそういうことを言われた。無理もないと思う……ギリギリの決断だったなと我ながら思った。あそこでその決断をしなかったら、うちのメンバーは、活動をやめざるを得なくなるか、または法人としての活動規模を大幅に縮小せざるを得なかっただろう。

だから、これから「居場所づくり」をしようとする人は、そのへんのことも頭に少し置いて、始めるといいかもしれない。ちなみに私の場合は、「居場所開催は月に1度でいいじゃん」、とは思えなかった。最初から、一度も、そんな風に思ったことは、なかった。やるからには、一定の効果を狙いたかった。月に1度の開催でも、楽しみにしてくれる人はいるだろう。けれど、私が子育て期に欲しかったのは、果たしてそういうものだっただろうか？　私が、私たちが、あの頃欲しかったのは、「相談したいときにすぐに行ける場」ではなかっただろうか。自分の胸に聴いたらこういう決断にならざるを得なかった。

〈うさぎカフェ〉を開くまでは、私たちはせいぜい、月に2、3度しか相談の場を持っていなかった。そして、その時は、どんなに工夫しても、参加者はなかなか集まらなかった。その原因は、開催場所が貸館の会議室だったから、というだけではないと思う。

結局、「この日、この時間に、この場所に集まって」というような限定的な呼びかけの仕方では、その時に都合が悪かったら、もう相談に行けないからなのだ。今月も都合が合わず行けなかった、その次の月も別の予定が入って行けなかった……の繰り返しで相談の機会を逃しているうちに、悩みは違うことに移り変わったり、もっと状況が悪くなったりしてしまう。そんな相談の場は、頼りにできるのか。そんな相談の場は、果たしてどれくらい意味があるのか。そう、思わずにはいられなかったのだ。

その人にとって本当に役に立つものにしたかったら、相手に合わせて、利用しやすい形態をとるしかない。それには、「待たずに相談に行ける」態勢を作りたかった。だとしたら、ある程度、開催頻度を多くするしかない。

私は、「手の届く範囲くらいの活動にしておこう」と内心思っていたはずなのに、実際やろうとしたことは、結局、最初から後戻りできないようなことだった。

どこか、重い責任を負うことを怖がりながらも、でも「意味のあることをしたい」という想いのほうが、逃げたい気持ちよりも勝ってしまった。その結果が、今の私たちなのだと思う。苦しいことはいろいろあるけれど、自分が選び取った道なのだ。

活動を続けていくためのお金を、どう用意するのか（補助金・助成金）

前段で、賃金を払う決断をした話を書いたが、うちがどうやって賃金を払っているのか……それは、まったく威張れる話ではないのだが、助成金をもらって、そこから払っているのだ。それはどういうことかと説明するには、まず、うちがこれまでに活用させてもらった補助金や助成金がどういうものだったかを説明しなければならない。

補助金・助成金申請について、うちの団体がたどったルートは、以下のようなものだった。

①市町村が持つ補助金制度を活用する

②補助金の中でも行政との協働ができるものを使う

③民間、しかも全国区の企業や公益財団法人などの助成金に申請する

①について。私たちがまず申請したのは、倉敷市の持つ「地域福祉基金」というものだった。これは、似たような制度が、各市町村にあるのではないかと思う。新規で立ち上げた市民活動団体やＮＰＯ法人の、最初の立ち上げ資金の応援をするような性質の

ものだ。３年が年限で、10万円から始まり、少しずつ補助する額が減っていく。始まったばかりの団体が活用するには、金額的にもとても適度な感じだと思う。

なぜ「金額的に適度」なのかというと、立ち上がったばかりの団体は、まだそれほど活動内容がない。ないということは、お金もあまり使わない。使わないのに、何十万もの補助金や助成金をもらっても、あとが大変だ。もらったお金を使うために無理やり計画を作り、無理やり実績を作るという悪しきパターンに陥ってしまいかねない。

だから最初からあまりお金を使うような事業計画を持っていない場合は、小さい金額の補助金からスタートすると、身の丈に合っていて使いやすいのではないかと思う。こういう補助金は申請も比較的容易になっており、会則・規約の類と専用の金融機関口座の用意があれば、利用できる。活動報告もさして難しくないので初心者に優しい制度だ。
②について。私たちは次に、やはり市の補助金制度のひとつである「市民企画提案事業」というものに申請した。これも、全国の自治体で似たような制度があるのではないかと思うが、市民から「こんなことがやりたい！」と提案して、それに市が補助金をつけるというもの。

これは①に比べたらぐっとハードルが上がった。なぜならば、プレゼンテーションがあるから。審査委員の人たちの前で、自らの申請事業について、短時間でプレゼンしなければならない。その後委員からの質問をあれこれと受けて、答える。これは、私はなかなか慣れることができず、毎年やっては、出来栄えに落ち込んでいた。

しかしこの補助金制度は、私たちにとって成長と発展をもたらすものになった。私たちは最初から、市との協働事業の枠で申請したため、第1章でも書いたが、行政の関係部署の手厚い協力を得ることができ、そのサポートが団体の活動にとって大変、助けになったからだ。

私たちは市民企画提案事業の枠を、最大の5年間の年限いっぱいまで利用させてもらったが、この時の経験が私たちの団体活動の基礎となったことは間違いない。補助金の担当課や協働の担当課には、本当に育てていただいたと感謝している。

倉敷市の補助金の担当課は本当に根気よく、よちよち歩きの私たちの団体に寄り添って一緒に考えてくれた。協働担当課は、共に行く先々に足を運んでくれ、活動をサポートしてくれた。そして会計のやり方も、この時に一から丁寧に指導してもらった。おかげで、どんぶり勘定にならない会計の基礎を叩きこまれたと思う。

これらのことは、後々、全国区の民間助成金に申請するときの、大きな力となった。ここまでしてくれる自治体は正直、なかなかないのではないかと思うが、こうした丁寧な市民活動の育成が、結局は地域を豊かにすることにつながるのではないかと思うのだ。ここで育ててもらわなかったら、今の私たちはなかったのだから。
③について。「全国区の」企業などがバックについている民間助成財団の助成金に申請すること。なぜ、「全国区」なのかと言うと、そう、人件費の問題があるからだ。
私たちが全国区の助成金に申請するようになったのは、団体設立から5年目、NPO法人になって3年目のことだった。さまざまな助成金があるが、人件費に使ってもいい助成金というのは、地方のものでは、ほとんど無いからだ。

そして何より、全国区の企業などの助成金は、助成額が大きい。地方で数十万単位だった助成額が、全国区だと数百万単位に跳ね上がる。活動規模が大きくなるにつれ、団体メンバーの負担感も大きくなるため、人件費がどうしても欲しくなる。活動費も増えるし、専用のパソコンなども欲しくなる。そういう状況では、金額の大きい助成金申請へと進まざるを得ない。

特に倉敷市で災害があった2018年度などは、気が付いたらうちの法人は、複数の財団や企業からいただいた助成金の総額が600万円を超えていた。我ながらよくこんなに申請できたものだと思う。

しかし、これは、決して推奨できる状態では、ない。うちは他から見ると補助金・助成金をたくさん「取れる」団体だと思われているだろうが、それは、団体のお金の回し方としては、褒められたことではないのだ。

まさによくある「補助金・助成金の綱渡り」経営。あれほど「そうなってはダメだ」と先輩方に教えてもらっていたにもかかわらず、結局私たちはそういう状態に行きついてしまった。いつ行き詰まってもおかしくない状態で、安定した経営には程遠い。

なぜなら、補助金・助成金の類は、黙っていてもらえるものではなく、常に応募できる助成金はないか探し続けなければならないし、申請にはタイミングがあるので見逃さないようにする必要があるし、申請したとしてもその多くが、年度末まで、採択されたかどうかがわからないのだ。

採択・不採択がはっきりしなければ、次年度の予算計画も立てられない。予算計画が立てられないということは、やりたい事業があってもやれる保証がないということなのだ。

なんて不確かな、場当たり的な話だと思われるだろうが、これが市民活動団体の現実だ。このようなことで苦しんでいる団体さんは、うちの他にもたくさん、ある。

多くの心あるＮＰＯ法人は、社会課題の解決のために働いている。だが、その分野がまだ社会的に認知されていない活動だと、たとえば行政が、その活動を資金的に応援してくれるようには、なっていない。そうなると活動のための資金は、これまで書いてきたように、自分たちでどこかから引っ張ってくる以外にないわけだ。

活動の対象者、その活動によって利益を得る立場の人のことを「受益者」という言い方をするが、うちのように福祉的な活動団体は、受益者からは基本的に、お金をいただかない。まったくいただかないわけではないが、法人の活動を賄っていけるほどの額を、受益者からいただくようでは、本末転倒になってしまうのだ。

「困っている人の力になりたい」と思って活動しているのに、その困っている人に対して「私たちの人件費になるくらいの高い参加料を払ってくれれば支援してあげます」なんて言うわけにはいかない。普通の営利活動のように参加者から高い参加費をいただくことはできないので、必然的に自分たちの人件費は自分たちで、どこか他所から引っ張ってくるしかない、ということになる。

つまり、自分たちの給料は自分たちの努力で捻出する、ということ。これはとても大変だ。大変なので、ＮＰＯ法人の中には、活動資金を得るために、既存の民間委託事業を受けて資金を確保し、委託事業になっていない新しいニーズに応えていくという形を取っているところも多いだろう。

しかし、うちのように、既存の委託事業と兼業でやる気がなく（やりたくないというより、できない）、新しいニーズに応える活動のみを行おうとする団体の生き残る道は、その新しい活動が行政の民間委託事業として認めてもらえるように働きかけるか、あるいは、社会に必要な事業として支援してもらえるように、寄付が集められる体質に生まれ変わること。

活動を続けていくと早晩、そうした必要に迫られることになると思う。うちは今、その両方をがんばっている。

活動を続けて行くためのお金を、どう用意するのか（寄付）

私たちがNPO法人になるとき、ビジョン・ミッションなどや事業の組み立てについて、ひな型をもとに考えてみたことがある。そのひな型には、「活動の財源はどうするのか」という問いがあったのだが、私はその時、「寄付には基本的に頼らない」と書き込んでいた。

しかし、現在うちは寄付集めを積極的にする団体だ。助成金申請と寄付集めをがんばった結果、2019年には倉敷市で最初の認定NPO法人になることができた。

認定NPO法人というのは、認められるために厳しい条件がいくつかあるのだが、中でも肝は、PST（パブリック・サポート・テスト）、すなわち、一定の寄付が集められるかどうか、というところにある。私たちはそのテストをクリアすることができて、認定されることになった。

認定ＮＰＯ法人になると、うちの団体に寄付する人は税制上のメリットが得られ、うちの団体にとっても会計処理上のメリットがある。しかし、認定を取ろうと思ったのはそれだけが理由ではない。差別化を図りたかったからだ。全国に5万1000件以上あるＮＰＯ法人の中で、認定ＮＰＯ法人は1000件ほどしか、無い。

認定を取ることで、法人の信用を増したかった。信用が増せば、今までより更に、寄付が集められるかもしれないし、もしかしたら事業委託もしてもらえるようになるかもしれないと思った。

ＮＰＯ法人になる時に「寄付に頼らない」と書いたはずの私が、なぜ寄付を積極的に集めようと思うようになったのか。そのきっかけは、2014年の冬からチャレンジした、「割り勘事業」による寄付集めだった。

「割り勘事業」とは、岡山市にある中間支援団体「みんなでつくる財団おかやま（通称みんつく）」による、寄付を原資とした助成事業である。これは単純な助成金の交付ではなく、団体が自分たちで寄付集めの活動をするのを、みんつくが決済システムや広報面、コンサルティングなどの形でサポートしてくれるというもの。

それまで補助金申請してお金をもらうということしか、したことがなかった私たちが、ここで初めて、「寄付」という活動をすることになった。最初は正直、「できるのかな……」という不安のほうが大きかった。

なにしろ、「寄付（お金）をください」と人に頭を下げて回らないといけない、ということなのだから。下手したら友だちを無くすんじゃないか、という気がして、怖かった。でも、ハンドブックの2冊目を発行する資金がどうしても欲しかったので、チャレンジすることにしたのだ。

結果、私たちは、目標額の倍のお金を集めて、初めての寄付集めを終えることができた。私は、実はこういうことに向いている人間らしいということが、やってみて初めてわかった、貴重な経験となった。

寄付集めをしてみて驚きだったのは、意外にもいやな顔をされることが少なく、むしろ、「応援しますよ」と言ってくれる人が多かったことだ。最初のうちは「そうは言っても内心、いやなんじゃないの……」と思わないでもなかったのだが、どうも、本気でみんな応援してくれるらしいのがわかってきた。それが、自分でやり始めたことながら、驚きだった。

活動に対して寄付がもらえるということは、団体にとって大きな自信になる。自分たちの活動は、人が「お金を出してでも応援したい」と思ってくれるような活動だということだから。これは、この上なく嬉しく、ありがたいことだった。

ハンドブック「ひとりじゃないよ」の奥付には、こう書いてある。

「この本は、262人の方の寄付により発行することができました。」

こんなに大勢の人が、この本を発行するのに賛同し、お金を出してくれた。この事実は、単にどこかから資金援助してもらって出すより、何倍も何十倍も、この本の価値を高めたと思う。心底、嬉しかった。こんなに応援してもらっているんだもの、もっとがんばらないと、と思えた。

実は、うちのハンドブックは何度か、

「まとめて買い上げて無料で配りましょう」

という提案を受けたことがあるのだが、そのつど、私は断ってきた。ある時などは、こんな提案を受けた。どこかの企業に買い上げてもらい、無料で配布しましょう、というのだ。内容はいいんだから、タダで配って、もっと多くの人に読んでもらったほうがいい、と。

その時私は、とても腹が立った。そして、こう言った。

「うちのハンドブックは、お金を出して買ってもらう本です。人は、タダで手にいれたものに価値を感じません。これをタダでばらまく行為は、私たちの本の価値を下げてしまいます」

その提案をしてくれた人は、そんなつもりじゃなかったと思うが、「資金も必要だろうし、まとまったお金が一度に手に入ったほうが助かるでしょう？」と言った。それはその通りだった。

本というのは、発行しても、売れるまでにどうしても時間がかかる。黙っていても売れて行くのでずっとお金を生んでくれるという意味では良いのだが、それにしても回収に時間がかかる。まとまったお金は、もちろん、喉から手が出るほど欲しかったが、それでも私はそれを断った。

「じゃあお宅は、これから資金をどうしていくつもりなんです」と言われて、私は答えた。

「寄付が集められる団体になるように、がんばろうと思ってます」

するとと相手は言った。

「失礼だけど、日本では寄付なんか集められませんよ。私もＮＰＯをやってるからわかりますけど。日本は、そういう文化じゃないんです」

これと同じことを、このあとも、別の人物から言われたことがある。どういうわけか、「自分もＮＰＯをやっている」という人間ほど、こういうことを言う。私は言い返した。

「あなたは、そりゃ集められないかもしれないけれど、私は集められますから」

よくもまあ、気の強いことを言ったものだと思うけれども、つたないながらも社会の課題を解決しようとがんばっている自負のある私たちは、あなたのように最初から既存事業の委託を取ることだけを当てにしているＮＰＯとは違います、と心の底から思ったのだ。

怒るのは良くないよ、と言う人もいるけれど、私の活動の原動力はいつも、活動の喜びだけでなく、怒りにもあった。お母さんたちの笑顔が活動の活力であるのと同時に、何か社会の理不尽に対して怒る気持ちもまた、活動のエネルギーになる。

だからその時の私も、怒りをエネルギーに変えていた。サポートが必要だと社会的に認識されておらず、実際になんのサポートも得られないでいる、障がい児のお母さんたち。彼女らに光を当てるためにも、私たちが踏ん張らなくては。私たちが寄付を集めようとすることは、「障がい児の保護者には支援が必要なんです」と何回も何回も繰り返し、社会に向かって訴え続けることにつながる。

黙ってどこかからお金をもらい、静かに活動をするだけでは、社会は変わっていかないだろう。自分から動き回り、話をし、こんなに困っている人がいる、この人たちに手を差し伸べることは、ひいては子どもたちの幸せのためなんですとお話しする。こういうことを恥ずかしがっている場合では、ない。何度でも頭を下げ、お願いする。それが、私が、私たちが、しなければならないことだと思った。

「お金が必要だろうから」と善意で支援を申し出てくれた相手に対して、ずいぶんと失礼なことを言った私だったが、結局その後も、作った本を無料でバラまくことはなかった。

この手のことは人によって考え方がいろいろだろうと思うが、リーダーは、時にこういう決断に迫られることがある。その時に、どう考え、行動するのか。私もいろいろな場面で悩み迷ってきたが、わからなくなった時には人に相談し意見を聞きながら、決断してきた。リーダーになる人は、ぜひ、相談できる人を何人も持っていて欲しいと思う。

広報活動の大切さ

あなたがもし、団体活動なり、居場所づくりなりをしようとしたとする。その時に、忘れてはならないのが、広報のことだ。見ていると、とてもいい活動をしているのに広報が足りないなぁと思う団体さんが多いからだ。これはとてももったいないことだ。

どんなに誠心誠意、心をくだいて、良い活動をしていたとしても、その活動があることが世間に知ってもらえなければしょうがない。宝の持ち腐れだ。特にいけないのは、その活動の受益者に知ってもらえないことだ。うちで言えば、障がい児の保護者のための活動をしているのに、その受益者である保護者の人たちがうちのことをまったく知らなかったら、やっている意味がない。だから、活動をしようと思うなら、必ず、広報をどうするかも同時に計画して欲しい。

まず、広報をしようと思ったら文章を書かざるを得ないので、団体で広報を担当する人は、基本的な文章力をつけたほうがいいだろう。岡山ではすでに紹介した「みんつく」が「ソーシャルライター講座」というのを開催しているが、こういう講座を受講して「書く力」「発信する力」を身につけるのは、非常に有効だと思う。

また、今どき広報をしようと思ったらＳＮＳの利用は避けて通れない。私は各種ＳＮＳを使い分けて、さまざまな形で広報活動を行っている。法人名義ではフェイスブックページを2つ、公式ＬＩＮＥアカウントひとつ、ツイッターアカウントひとつ、インスタグラムアカウントひとつ、ホームページは自己管理と他者管理とを合わせると3つくらい持っている。特にホームページはリニューアルしたばかりなので、検索していただきたい。

ＳＮＳの使い分け方は他に譲るが、「うさぎカフェ」を開いてたくさん人が来たのも、本を出してたくさん売れるのも、イベントに大勢の人が来てくれるのも、広報活動をこまめに、戦略的にしているからなのだ。

ホームページはいつ見に行っても同じ内容、どころか掲載記事は古い日付のものばかり。フェイスブックページも、ごくたまにポツポツとしか投稿されておらず、最近何をしているのかがさっぱりわからない。このように情報発信を怠ると、人はもう、そのページをわざわざ見に行こうとしなくなるし、この団体は、あまり活動していないのかな、と思うだろう。

常に新しい記事を書いて更新することで、ページに「動き」が出る。動きを出すことで、「活発に活動している、がんばっている団体」と思ってもらえる。その投稿記事の内容がうわべだけで実体がないとかいうのは論外だが、活動していることをきちんと社会に対し発信していく、というのは必須である。寄付を集めようとするなら、なおさらだ。

団体活動をする人には、ぜひ、短文で良いので文章を書くことに慣れて、広報するための能力に磨きをかけることをお勧めしたい。一番いいのは「せねばならない」ではなく、楽しんで発信すること。文章を書くのが好きになれると理想的だが、どうも苦手だと言うなら、「筋トレ」だと思って取り組むしかないだろう。短くていいので、一日一回何か書いてみる。これを続けることで、ずいぶんと文章力が身につくので、ぜひやってみて欲しい。

団体の「ビジョンとミッション」を考える

うちの法人が、ビジョンとミッションを決めたのは、結構最近のことだ。確か、2年くらい前のことだったと思う。それまでは、「これを大事にしよう」みたいな指針はあったものの、短い言葉で自分たちの目指す未来を表す言葉を持っていなかった。

今は、こうなっている。

「私たちのミッションは、障がい児の保護者が、運・不運や住んでいるところに左右されることなく、支援の手とつながることのできる仕組みを作ることです。

私たちのビジョンは、障がい児の保護者が支えを感じながら安心して子育てができる社会の実現です。」

正直ちょっと、うちのビジョンとミッションは字数が多すぎる。これだと覚えにくい。

もっと短く簡潔に、でも要点をしっかり押さえたものにしたいのだが、まだできていない。

しかし、団体を作ろうとしている人や既に団体を持っている人も、自分たちのビジョンとミッションは何か、考えてみて欲しい。各自が考えて持ち寄って見せ合うと、全然違っていたり、結構似ていたり、いろいろな発見があると思う。ビジョンとミッションは急いで確定しなくても、ああだこうだと話し合うことで、メンバー間の考えをすり合わせていくのに役に立つと思う。

企業とは違い、NPO法人の場合は、ビジョンを先に考える。ビジョンとは、「こうなって欲しい未来」だ。見てみたい、社会の姿のことだ。

そして、ミッションは、見たい社会の姿に近づけるために、自分たちが担う役割のことだ。見たい社会の姿は、自分たちの力だけで実現できるものでもないだろう。自団体以外の他の要素や、他の人たちの力も必要である。

ビジョンという大きな絵を思い描きながら、自分たちがその中でどの位置に立ち、どんな役割を担うのか。誰と手をつないでいくことで、その大きな絵が完成するのかを、考える。

私たちもまだ、描き切れていない、ビジョン。これから、いい絵を作っていきたいと願っている。それができた暁には、ホームページに「これが私たちが願っている社会の姿ですよ」とわかるようにしたい。

良かったら、私たちの絵を描くのに、参加して欲しい。私たちがたどりつきたいのは、私たちの活動が当たり前に社会に浸透し、私たちだけでなく多くの人が、当たり前に保護者を支える未来だ。もし、それが実現したら、私たちは消えてなくなっても構わない。

いや、むしろ私たちが目立たず、多くの社会資源に紛れて見えなくなるようになって欲しい。保護者の支援が、特別に言い立てるものではなく、ごく自然に行われるようになったら、その時こそ、私たちの願う社会が実現しているということだ。

そういう社会を見るためにも、具体的な絵を描くことが、大事だと思う。どんな絵にするのか、色んな人に一緒に考えてもらえると、いい絵が描けそうだ。

さて、ここまで、私たちが実際にやってきたことを、ひと通り、ご紹介してきた。これを読んで、団体づくりや居場所づくりをやってみようかな、と思ってくれたら嬉しいが、ちょっと大変そうだなぁと思わせてしまったかもしれない。だとしたら申し訳ない。でも良かったら、もし良かったら、チャレンジしてみて欲しい。あなたの住んでいる地域で、どんな種類でもいいので温かな「居場所」ができたなら、これを書いた私も、とても嬉しいし、ぜひ見に行かせてもらいたい。あっちにもこっちにも、いろんな形の居場所ができて、みんなが自分の居場所を見つけられて、そこに行けば安心して過ごせる。そんな景色をぜひ、見てみたいと願っている。

第六章　発災と、被災地復興支援から見えてきたもの

2018年7月6日。その前の日から、日本に、「これまでに経験したことのないような大雨になる」と気象庁が予告する雨雲が、近づいていた。

岡山県は別名「晴れの国」といわれる。降水量1㎜未満の日が日本一多いのでそう呼ばれるのだが、それだけに、災害が少ないと言われてきた。実際、住んでいる人間は、あの日までほとんど皆、そういう認識を持っていた。

大きな台風が近づいても、四国山地でさえぎられ、岡山にはさして影響がないことが多い。事実、私もこの地に住んで20年になるが、周りの県には警報が連発されているのに、岡山だけ、関係ないかのような状況を何度も経験している。温暖で地震も少ない、安全な、岡山県。東日本大震災の被災者がよく移住してくるくらい、安全だと思われている土地柄。その日まで多くの人が、そう思っていた。

七夕の前日、朝から、テレビでしきりに、未曾有の豪雨になるという予報が連呼されていた。そんな中、今一つ本気にしていない私たちは、法人の用事で県庁へ出向いていた。県庁の中は、それでもさすがに、ざわざわしていたのを覚えている。私たちが到着したら、担当課の人が「よく来られましたね！　大丈夫でしたか」と言われた。私たちはのん気に、「全然大丈夫ですよ〜」と答えたものだ。

しかし、本当にのん気にいくつかの用事を岡山市で済ませて、うさぎカフェへ戻るころには、もう、大変なことが起きかけていた。

実は倉敷市は、日本で三番目に橋が多い地域だそうだ。橋が多いのはなぜかというと、農業用の用水路が、とても多いから。そこそこの幅があり深さもある用水路が、市内を縦横無尽に走っており、その距離は合わせると２１００㎞もあるそうだ。

7月8日、粒浦うさぎカフェの裏の道路。田んぼとの境目がわからない

そんな用水路が事務所のすぐ横にもあるのだが、私たちが車で戻った頃には、もう増水して、道路と水路の境目が不明確になっていた。「危ない危ない、早く帰ろう」と私たちは早々に家に帰ったのだが、その時にはまだ、その後あんな深刻な事態に

なるとは思っていなかった。

その日の晩、何度も何度も、スマホが鳴った。避難を呼びかける緊急速報メールの音だ。しかし私自身はマンション暮らしなので、それを聞いても特に何もせず、ただ「大変だなあ、ちょっと怖いなぁ」と漠然と思いながらも、普通に寝てしまったのだ。

7月7日の真夜中過ぎ。ショッピングモールの駐車場に車で避難して、川の方向を見ていた人によると、増水して決壊寸前だった一級河川高梁川の水位がすっと下がる瞬間があったのだそうだ。それがどうやら、真備町の各地で川の堤防が決壊し、水が流れ込んだ瞬間だったらしい。大量の水が町に流れ込んで、家を押し流していたが、15キロ離れたところに住んでいる私は、それを知らずにいた。

翌朝起きてみると大変なことになっていた。深夜から早朝にかけて、高馬川、末政川、小田川の堤防が次々に決壊し、真備町は見たこともないような景色に変わってしまっていた。

2階建ての家は、屋根しか見えない。スーパーマーケットやドラッグストアは看板だけが見えていた。水に囲まれた人が木にしがみついていた。それからのことは、皆さん

7月8日の真備町。右手奥に倉敷まきび支援学校が見えている

も知っていることなので細かに書くことはしないが、うちのメンバーの子どもも、自衛隊に救出された。それは本当に、言葉にできないようなショッキングなできごとだった。

こんなことを言ったら叱られるかもしれないが、私はこの時、そこまでの危機感を持って、あの光景を見ていたわけでは、なかった。そのことを今でも、申し訳なく思っている。東日本大震災の緊急地震速報と津波の映像を見た時は、瞬間的にぞっとしたものだったが、真備町は、前日の朝から避難準備、避難勧告、避難指示と順次出ていたので、家屋の被害はすごいだろうが、人は亡くなっていないんじゃないかと思ってしまったのだ。

実際には、あの小さな地区で、51人もの犠牲者が、出た。

その中には、障がいのある女性と子どもも、いた。

そのことで、私たちは、障がい者と災害ということについて、深く考えさせられることになった。私自身、障がい者がいる家庭なのに、あの日、あの晩どこにも避難しなかった。たまたま被害を受けなかったが、条件が少し変われば、自分がその立場にいたのかもしれない。なぜ、自分は避難しなかったのか。それから何度となく、それを考えることになった。

さて、未曾有の被害が出た西日本豪雨災害によって、真備町の人たちは何か所かの避難所に分散して、避難することになった。私は、うさぎカフェを運営しながらも、気になって仕方がなかった。真備町にいるはずの、障がいのある子とその家族のことが。みんな、どうしているのだろうか。絶対困っているに違いないけれど、いったい自分たちに何ができるだろうか。

２０１８年は異常に暑い、夏だった。知り合いの支援者の人たちが、現地に入るというので、障がいのある子どもたちやその家族がどうしているか、わかったら教えてほしいと頼んでおいた。ところが、その人たちの報告は意外なものだった。「どこにも、いないんです。それらしき子たち」

いない？

いないってどういうことだろう。どこにいるのだろうか、どうやって連絡を取ったらいいのだろうか。私はこの時、真備町のお母さんたちの連絡先を記録していなかったことを後悔した。

うちは民間なので、それまで、うちが関わったお母さんたちの連絡先の収集を、積極的にしてこなかった。名前くらいは聞いたとしても、それ以上、住所や電話番号等、メールアドレスなどは聞いてこなかった。障がいのあるお子さんがいると、そのことを知られたくない、と思う人もいる。そういう人は、個人情報を聞かれると「情報が漏れるのでは」と不安になるだろうからと、遠慮して、あまり聞かないようにしてきた。しかし、そのことを、この時に深く後悔することになった。

連絡先を知っていれば、個別に連絡して、何か援助できることはないか聞くことができたのに。避難所にもおらず、どこにいったかもわからない、真備町の障がい児の家族。

住む家も失い、家財も失って、生活が激変したのだから、変化に弱い障がい児を抱えた家族が困っていないはずは、無い。なのに、何もできなかった。

私はとりあえず、SNSを使って呼び掛け、真備で被災した障がい児の家族が、突然前倒しで始まった夏休みのせいで戸惑っているのではないか、子どもの預け先がないから家の片付けができなくて困っているのではないかと思い、イレギュラーなケースへの対応として、被災した障がい児の預かりをしてくれる事業所を募った。

すると、同じように心配し、何かの力になりたいと考えてくれていたのだろう、いくつもの福祉サービス事業所が、通常の枠を超えて、被災した子どもを預かってもいいと申し出てくれた。それをリストにし、被災した家族からの連絡を待ってみたのだが、そもそも、被災した本人が、あふれる情報の中から自分にとって有用な情報を得ることなど、容易なことではない。

問い合わせは来たものの、数はわずか1~2件だった。やっぱりダメだ、こんな方法では……。私はうさぎカフェを通常どおり運営しながらも、カフェが夏休みに入ったら何かしなければと焦りながら、模索していた。

そしてカフェは夏休みに入り、ちょうどそのタイミングで、行政から「被災地の障がい児のために何かできないか」という打診が来た。そして、渡りに船とばかりに、被災した障がい児の保護者を対象とした託児つきの臨時カフェを開こうという段取りになった。

それが「玉島カフェ」だ。

本当ならば、真備町で開くべきなのだろうが、2018年8月時点は、とてもそんなことをできる場所がなかった。一面泥だらけであり、みんな暑さと戦っていた。しかし、体力に自信のない私は、現地で泥かきのひとつも手伝ったわけではなく、過酷な状況をテレビで見ていただけだ。個人として義援金を市役所に持って行ったりはしていたが、それ以外は何もできず役に立てない自分をもどかしく、思っていた。

真備町では被災ゴミが積み上がり、遠方から来た被災地支援のNPOや内外から集まったボランティアの人たちが、しっかりと支援してくれていた。その頃、ボランティアセンターで働いていた人によると、「すぐそこにいるスタッフに言いたいことがあるのに、お互いに誰かに常に話しかけられて、全然会話できなかった」というくらいの混乱ぶりだったらしい。

被災した人たちは、毎日避難所から自宅へ通い、泥をかき出し、床と壁を取り払い、家を乾かそうとしていた。そんな中で、悠長にカフェなどやれる状況では、ない。そこで、市や県と共に臨時カフェを開催する場所を検討し、真備町から南へ下ったところにある、玉島で行うことになった。

これについては、ご批判もいただいた。「被災者が、玉島へなんか、行けないでしょう、車もないのに！　どういう状況かわかってるんですか？」等々。

お説ごもっともだった。実際、被災した家族は、カフェに来るどころではないかもしれない。やる意味はあるのだろうか。かえって迷惑ではないのか。私たち自身も、わからなかった。しかし、とにかくやってみなければわからない、ということで、さまざまなツテを使って、被災した障がい児のいる家庭にお知らせし、玉島で8月の間に4日間、臨時の出張カフェを開催したのだった。

玉島カフェ

　思い出しても私の経験上、後にも先にも、この、玉島カフェの1日目ほど難しい場を仕切ったことが、ない。出張してグループ相談の場を持つのは、何度もやったことがありノウハウも持っているのだが、なにしろ、いつもとはまったく状況が違う。そもそも、この非常時に、こんなところまで来てくれる人たちがいるのだろうか……？

　参加者が来るかどうかもわからない状況なのに、プレスリリースがあったため、マスコミは次々、取材を申し込んでくる。こんなセンシティブな場にテレビカメラが入る？　私はピリピリし、テレビカメラだけは勘弁してくれと断った。とあるテレビ局などには、

「え、新聞はいいのに、テレビはダメなんですか？」

お知らせ

2018 年 08 月 03 日

主　催：倉敷市・岡山県
委託先：NPO 法人ペアレント・サポートすてっぷ

ひとりじゃないよ“親子カフェ＆相談会”
～被災地域の保護者向けに無料の親子カフェ＆相談会を開催します～

このたびの豪雨災害で自宅やお子さんの学校が被災した方で、障がいのあるお子さん・発達に不安のあるお子さんのいるご家庭を対象に、カフェ＆相談会を開催します。

このたびの豪雨災害により、自宅が被災した、あるいは子どもの学校が被災して違う学校に行かせなくてはならなくなった、利用していた福祉サービス事業所が被災して利用できなくなった…等々の状況に置かれ、お困りになっている方は多いと思います。また、突然の環境変化の影響で、お子さんが不調、自分自身が不調という方もおられるのではないでしょうか。自宅や学校についての不安など…お話ししてみませんか？お子さんは別室でお預かりします。お父さんとお母さんは涼しいお部屋でほっと一息ついて、カフェをお楽しみください。飲み物でくつろぎながらみんなで近況を話し合いましょう。行政や専門家からの支援情報の提供や個別相談ブースもあります。お気軽にお越しください。

【概要】
- 実施日時：8 月 13 日（月）・16 日（木）・22 日（水）・31 日（金）
  いずれも 13 時 30 分～16 時 30 分（時間中、出入り自由）
- 場　所　：玉島市民交流センター和室

「ええ、勘弁してください。部屋でカメラが回っていたら緊張してお話しできなくなってしまうと思いますから」

そう言ったとたんに挨拶もなくガチャ！ と電話を切られた。他にもアポなしでカメラを持って乗り込んできた局もあって、頼むから帰ってくれと言わなければならなかった。

新聞の記者の人たちには、参加者の顔を写さないよう、頼んだ。私たちは、行政の関係者とあらかじめ打ち合わせて、ボランティアで集まってくれた福祉サービス事業所の支援者の人たちの助けを借りながら、託児もできる態勢を準備した。カフェをどのような進行にするかを決め、託児室で作るおやつの計画や準備、来られた人に出す飲食物の準備も全部して、初日を迎えた。

玉島カフェ、初日のこと

あの時の空気は、その場にいたものでないとわからないと思う。一言で言い表すと

「人が多すぎる！」

だった。行政、うちのメンバー、外部からのボランティアスタッフ、仕事で来ている支援者、そしてマスコミ。めちゃくちゃに人がいて、誰が誰だかわからない。私のピリピリ感はピークに達して、「ちょっとみんな順に自己紹介して！」と叫ぶくらいだった。

しかし、ふたを開けてみれば、本当に、被災した家族の人たちが、会場に来てくれたのだ。この状況の中。本当によく来てくれたと思って、ありがたさ以上に、心から申し訳なく思った。ごめんね、大変な時に、こんなところまで来させちゃって……。

カフェに人を迎え始めた時のことだ。うちのメンバーが言った。

「Cさんが、来られてるよ！」

「え！　ほんと！」

私は会場の外へ走り出た。

Cさんとは、細く長く10年来知っている、ある保護者さんだ。実のお母さんに代わって発達障がいのあるお孫さんを育てている方。いつもしゃんとした、気丈な人である。

しかし、私は、走り出たものの、最初、Cさんの姿を見つけられず、戻って、教えてくれたメンバーに、聞いた。

「Cさん、どこにいるの？」

「いたよ、青い上着を着てたよ」

ええ？　私は改めて外へ出た。すると、確かにいた。でも、なんてことだろう。見たこともないほど面やつれして、ぱっと見、Cさんだとわからないくらいの様子だったのだ。私は駆け寄って、抱きしめて泣いた。

「よく生きててくれて！」

Cさんも、泣いていた。辛かった。本当に辛かった。どうしてこんな目に。

Cさんを含め、5組の家族が来てくださったのが、玉島カフェの初日だった。数人の子どもが託児を利用した。暑い暑い外から逃れて、その場はエアコンがきいて快適だった。

コーヒーを出すと、「コーヒーなんて久しぶりに飲んだ」と言ってくださった。皆さん一様に深い疲れが見られたが、出されたスイーツを、喜んで食べてくれた。そして、意外にも、いろいろと、とてもたくさん、お話をしてくださったのだ。

私は、人が集まって、あちこちでおしゃべりが始まった状況を見た時、とっさに、予定していたスケジュールで進行するのをあきらめた。とにかく、ゆっくりくつろいでもらおう。そして、なるべく親しい人同士が近くにいるようにして、おしゃべりしてもらおう。

私は、アロマの良い香りのするハンドクリームを手に取って、被災された方の手にすりこみ、ゆっくりマッサージをしながら、お話を聴かせてもらった。7日の夜になにが起きたのか。いつ、水が来たのか。そこからどうやって、逃れたのか……。それは、聞いていて胸が苦しくなるような経験の数々だった。

ここに、当日のカフェでの聴き取りの記録から抜粋して、個人が特定できない程度にアレンジしたものを掲載する。

〈記録その1〉

「7月7日の夜中に避難。子ども・夫・認知症気味の姑を連れて真備総合公園の体育館に向かったが、車が入れず、途中の路上で駐車し、車中泊。たまたま、近くの特養老人ホームに、避難させてもらえた。その後、夫の実家に避難。家は全壊。

子どもの薬が1階にあり、水につかってしまった。なんとか2日分くらいは持って出た。被災直後は薬局に行っても処方箋が無いと薬を出してもらえなかった（その後、処方箋なしでも出してもらえるように変わったが）。

最初のうち眠れなかったが、最近は眠れている。子どもは、ずっとハイテンション。祖父母宅では殺虫剤などの危険物が目に付くところに置いてあるため、口に入れてしまったりすることがあり、気を付けないといけない。」

（記録者の感想）眠れていると言っているが、眠れていないような顔をしている。お子さんの障がいは重いので、親戚の家では気を遣う必要があり、親は疲れるだろう。


〈記録その2〉

「子どもの学校が被災したので、自分が直接被災したわけではないから、（玉島カフェのことは）最初、「家に被害があった人じゃないと相談に行っちゃだめなんだろう」と思っていた。ＰＳすてっぷのフェイスブックの記事を読み、そうじゃないんだということがよくわかった、もっと早く読めばよかったと思った。

もともと子どもが不登校気味だったのに、学校が被災したために、別の、遠くの学校に通わなければならなくなってしまった。不登校だったが保健室登校できるようになり、徐々にクラスへ入ることも視野に入り始めた大事な時期での今回の被災。学校が変わることで、また登校できなくなるのではないかと不安。

特に通学がネックになる。仕事をしているので遠くへの送り迎えが、自分ではできない。ファミリーサポートや事業所にもいろいろあたったが、上手く組み立てられない。同じくPSすてっぷのフェイスブックで日中一時支援事業所の情報を得て、学校へのお迎えをしてくれるところはなんとか見つかったが、行きが困る。仕事はやっと見つけたところで、今はシングルだし、融通がきくため辞めたくない。

学校が浸かってから、徐々に子どもの調子が悪くなり、自閉症の特性がすべて強く出るようになってしまった。子どもの調子が悪いのでつい自分もイライラしてしまい怒ってしまい、それでまた子どもが泣き騒ぎ、それにイライラし…という悪循環のループになってしまっている。

福祉サービスも利用はしているが、時間や頻度が限られているし、どこの事業所も人が多く騒がしい環境なため、子どもの特性上利用が難しい。本人が受け入れられない。どうしても自分と二人で過ごす時間が長くなってしまう。子どもと一緒にいると、同じことの繰り返しのやりとりになり、思考が停止してしまう。

学校のことや送迎のこと、仕事のこと、全部これといった解決策があるわけでは無いため、すべてが結論出ないまま、不安だけが募ってしまう。

（記録者の補足）直接被災していないからサポートを受ける資格がないのではと、しきりに気にされる様子があった。あまり「笑う」という表情が見られず。ただし保護者同士で話すと、笑顔も見られた。もともと県外から引っ越してきた人なので、こちらでのつながりも薄いと考えられるし、人にうまく相談しにくい状況があるかもしれない。保護者同士のつながりがもっと必要かもしれない。

〈記録その3〉

「家は川の近く。夜、主人が逃げるぞ！と言い出し、慌ててサンドイッチと子どもの薬

3日分を持って車で近くの小学校へ避難した。早いうちに避難したため、避難所にはまだ10名ほどの人しかいなかったが、避難所にはうちの子どもはとても入れないと思ったので車で過ごすことにした。

子どもは最初、避難所に入りたがったが、実際に連れて行ったら「ここは無理」と納得できたらしく言わなくなった。流れてなくなってしまったおもちゃのことをかなり言っていて、新しいのを買ってもすぐに飽き、納得してくれないので被災した家に行き、「こんな風になったから、おもちゃはなくなった」と見せたら、それでようやく納得したようで、おもちゃ欲しいとは言わなくなったが、その代わり「おもちゃなくなった」と繰り返し言ってくる。

子どもは、お風呂場で粗相するので公衆浴場を使うのが不安で、スーパー銭湯がタダで入れるというので行ったが案の定大騒ぎをして大変だった。知人が空いている家を貸すよと言ってくれたが、避難所から離れると情報が得られなくなると思い車で過ごした。キャンピングカーを貸してくれる人がいて、7月末まではそこで過ごした。

子どもについては、なるべくいつものような生活が送れたほうが落ち着くだろうと思い、なんとか日常生活のルーティンを取り戻そうと努力した。大声を出したり、かんしゃくを起こしたり、泣くと一時間以上泣き続ける等の理由から、仮設住宅には住めない。」

（記録者の感想）座談会の途中で、堰を切ったように話し始められた。お子さんはかなり大変な状況。子どもの預かりをしている施設からは「お母さんは非常にまじめな方なので、何もかも無くしたことによって捨て鉢になっているようで心配」とのこと。まだ気持ちが張り詰めていっぱいいっぱいな様子がうかがえた。

〈記録その4〉

「避難先はご主人の実家。ご主人の実家には同居の親類もいるため、勝手にものを触るのもはばかられ、結局台所を手伝うこともなかなかできない。（保護者は）避難の時に足にけがをした。

子どもは、ほぼ卒乳していたのだが被災後おっぱいをねだる回数が増えた。朝4時半ごろ（水が来た時間？）になると、いつもおっぱいをねだる。スキンシップを求めることも増えた。

子どもは、体格がいい子なので力の加減ができずお友だちに嫌がられることもある。やたら高いところに上って下りたがるが、いろいろな行動が被災のせいなのか成長のせいなのか障がいのせいなのか？　よくわからない。

自分のことよりも、夫や子どものことが心配。夫は今回のことで相当なストレスを受けている様子で、早く実家を出て自分の家に戻りたいようだ。」

この日は初日であったため、話を聴いて、あとから思い出して記録するしかなかったのだが、参加者の皆さんのお話の内容は残しておくことがとても重要だと判断し、2回目からは、話の聞き手と、記録係、一人の参加者に対し最低二人を配置して、お話くださったことを確実に記録できるようにした。

そうでなくても人が多すぎるのだから、それを利用したらいい。ここで記録しなければ、災害に遭ったときの障がい児の家族がどんな困難に遭うのか、この先チャンスは来ないだろうと思い、万全の態勢を取った。

ボランティアで来てくれていた支援者の人たちに協力してもらいながら、ひな型を大体、決めた。記録をとるときに、まず観察した所見を書きとめ、次にお話の内容をできるだけ正確に聴き取り、感想も記入するようにした。

よって、観察した所見が、どの人についても必ず、入っている。たとえば、こうだ。

「普段のDさんとはまったく違う状態。服も避難所にあったものを着ているので、普段のご本人なら着ないようなもの（普段は夏でも長袖で首元も隠しているが今は半そでTシャツ姿）を着ている。化粧水も手に入らないそうで、ノーメイク。髪もバサバサで、疲れ果て面がわりしていた。」

「メイクもなしで髪も手入れできていない。かなりやつれている。話しながらずっと涙目。時々感情がゆらぎ、泣きそうになる様子も見受けられたが、それ以外の時はほぼ無表情。自分がメイクしていないことを気にされているのだろう、同じく被災者のEさんがお化粧していることに驚く場面も。用意していたスイーツを喜び、ハンドクリームを喜んでくれた。ハンドクリームは来た時と帰る前の二度つけていった。以前からペアレント・サポートすてっぷのメンバーに馴染みがあったためだと思われるが、情報を受け取ってすぐに申し込んできてくれた。」

誤解がないように説明すると、メイクしていないだの、髪の手入れがどうだの、決してオシャレチェックでも意地悪で書いているわけでも、ない。その人たちが、どれだけ今、精神的にも肉体的にも、しんどい状況にあるのかを知るための手がかりのひとつなのだ。

私たちは、日ごろからも、関わる保護者の方と会った時に、顔色や全体の様子をさりげなく観察するように、している。なぜなら、服装や顔色、髪、そういうものは、心理状態を表すサインのひとつだからだ。相手が女性なら、特にだ。

いつも身ぎれいにしている人が、バサバサの髪をしていたら、それは何かあったしるしだろう。ずっと見ていたらわかることだ。服装が乱れてきたら、何かあるのかもしれないと思って、気を付けてお話を聞いたほうがいい。

当然だが玉島カフェの場では、身ぎれいにするのは難しい状況の方が多かった。それほど、しんどい状態なのだと思うと、本当に涙が出た。

2回目以降は、アロママッサージやメイクの専門家にボランティアで入ってもらい、リラクゼーションを中心に提供するようにした。

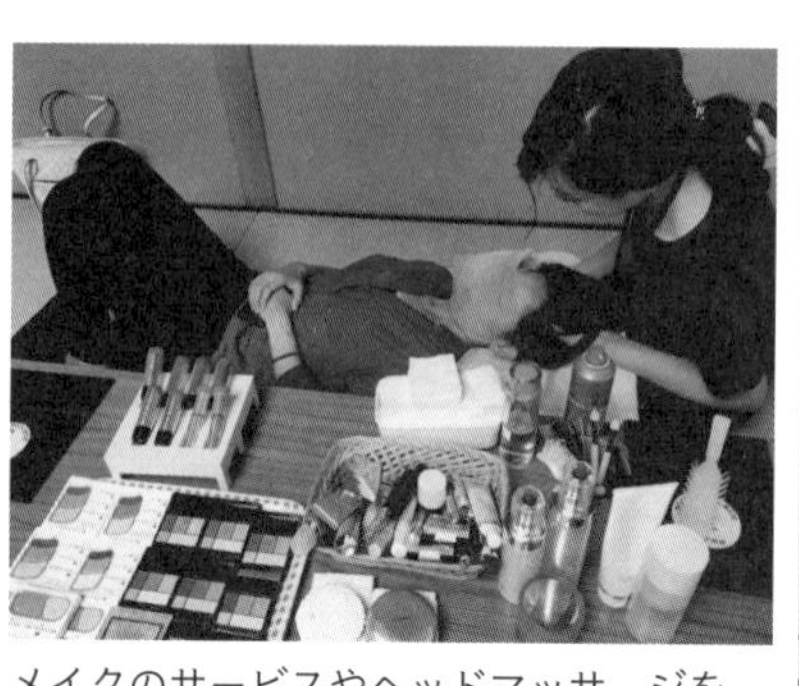

メイクのサービスやヘッドマッサージをしてもらった

そして、情報。

皆さん疲れて混乱し、どの情報が自分にとって必要なのか、判断するのにも苦労していた。そこで、行政の担当者からひと通りの説明をしたあと、個々に専門家に相談できるようにした。

ただし、「○○さん、何々のことで弁護士の先生に相談してみたら」と言っても、それだけではダメなのだ。

「えっ、相談って言っても、何を相談したらいいかわからないから」

と、皆さん戸惑ってしまうから。

そうなのだ。この災害のときに学んだことはいくつもあったが、そのひとつが、これ。「助けを求めて」「相談して」と言われても、「何を言ったらいいのかわからない」と皆さんが口々に言っていたことなのだ。

被災された方々に、「誰かに助けを求めようとは思わなかったの」と聞くと、皆さんこんな風に言われた。

「でも、他の人もみんな大変で、うちだけじゃないし」

「みんな大変なんだから、がまんしないと」

「(障がいのある子のことは) 非常時なんだから、もう私 (母親) がやる以外にないから」


障がい児が家族にいるということは、それだけで、そうでない家庭よりも負担が大きい状況にある。それなのに、「他の人もみんな大変なんだから」と遠慮してしまう。

実は、これは、他の地域で起きた災害時も、同じだったらしい。被災した人は、「困ってないですか」と言われると、「いえ、大丈夫」と答えてしまう。「私だけじゃないし」と。障がい児のいる家庭だろうとそうでなかろうと、「困っていることは?」と聞かれても自分が何に困っているかもわからない状況である。

そして次に言われるのが「(この状況を) 相談して助けてもらえるとは思えない」というひとこと。これは、岡山県は特にそうかもしれない、と聞いていて思った。

岡山県はこれまで、災害が少ない土地だった。被害にあって、助けてもらった経験を、あまりしてきていないだろう。そういうところでは、「相談して助かった、良かった」の経験も積む機会が少ないのではないだろうか。だとしたら、非常時になって急に相談する気にもなれないだろう。平時にできないことは、非常時には、もっとできないだろうから。

結局、「何を相談したらいいかわからない」と言っていた人には、支援者を一人サポートにつけて、「相談することをサポート」してもらったところ、そのお母さんは帰る時には「弁護士さんとお話しできて良かった」と言って、帰って行かれた。

この経験からも、この玉島カフェの場を「相談会」とするのはやめよう、と思った。被災された方たちに「相談させよう」とするのではなく、聞き取った話の中から、支援につなげたほうがいい事柄を、支援者側が拾い上げるしかない。そう判断し、関係者にも伝えて、そのスタンスで臨むことにした。

玉島カフェは、全部で4回だけだったが、なんとか終了することができた。その時にボランティアで助けてくださった方々には、心から感謝している。

延べ21組の家族が参加してくれて、終えることができた。延べ、なので、実際には同じ人が何度も参加してくれたりした。何度も来てもらえたというのは、無駄ではなかったということかと思えた。

実際、アンケートにも、「話がしたかったから、おしゃべりしてゆっくりできて良かった」と書いてくれた人がいた。災害にあったというのは大変な経験だが、それでも、その経験を一人の中で抱えるよりは、人に話したほうがよいのだろう。

狭い避難所暮らしでお風呂にも十分に入ることができず、結んだゴムに髪が、ほどけないほどにからみついてしまっているのを、少しずつほぐさせてもらって、くしを通しながら、来てもらえてよかったなぁ、と心から思った。

正直Cさんなどは、「この人、このまま死んじゃったらどうしよう」と私たちは本当に、思ったのだ。最初会った時は。それくらい、疲弊していた。人生への絶望をCさんの全身から感じた。

でも、回を重ねて来てくださっているうちに、Cさんの気力がほんの少しずつ、戻ってくるのを感じた。災害によっておかれた状況や不十分なサポートに怒りをぶつけたC

さん。でも、怒るほどのエネルギーが出てきたんだ！　そのことを、私たちは喜んだ。
この4回の玉島カフェが終わった後、私が県に提出した所感をここに載せておく。もし、今後、どこかで災害があった時に、玉島カフェのような場を持つ機会があったならば、少しでも参考にしてもらえれば幸いだ。

〈2018年9月14日　玉島親子カフェ　所感〉
玉島で、障がい児の保護者が集まる場づくりを4日間にわたり行った結果、弊法人の通常の保護者支援の場づくりと比較して、運営上の以下のような特徴を感じました。

《通常の保護者支援の場に比べ特徴的であり運営上の難しさにつながると感じた点》
●参加者全員が等しく、ある一定レベル以上の心理的・肉体的な疲弊状態にあるということ。
●そのような状況下では、「勉強会」「学び」「手作業」等の、「前向きな」「集中力や努力が必要とされる」作業をプログラムとして入れることは適さないということ。

●かっちりとしたタイムテーブルで進めようとすることも難しいということ。
●参加者が疲れているので、リラクゼーション的要素のものが多く必要であるということ。
●費用がかかるものであれば参加しないであろうということ。
●参加者はレベルの差こそあれ皆が通常の精神状態ではなく、通常の保護者支援の場に比べ、精神的ひっ迫度の高い人の割合が高いと感じられるため、「みんなで話す」座談会の場づくり自体が非常に難しい。
●人によっては即、カウンセリングができる専門職につないだほうがいい。
●特に真備で直接被害に遭った人たちに関しては、考えることが多すぎて混乱が見られるため、その整理を手伝う必要があるが、「相談してみて」では参加者本人たちは動けないため、こちらで参加者が抱えている案件を見極めてマッチングを考え割り振って、対応できそうな専門職と話ができるようセッティングする必要がある。しかしそれは大変、大変難しい作業であるということ。
●割り振ったとしても専門職の相談支援スキルが低いと結局何も引き出せないまま終

わる可能性もあるので、難しいケースについては保護者支援ができる人間が保護者と専門職の間に立ち、保護者が相談しやすい空気を作る必要があるということ。

くらしき健康福祉プラザでの炊き出し

まとめると、単なるピアサポートの枠を超えた難しい場であるため、専門職チームとの連携で進めることが絶対に必要です。弊法人スタッフはピアサポートの人間なので、ピアサポートの人間自体をも、支えてもらう必要があります。この非常に難しい場づくりをピアサポートの人間だけに投げるのではなく、仮にも災害の支援であるのですから、責任をもって行政も専門職を配置していただきたいと思います。

真備カフェ、その難しさ

　結局、玉島カフェを4回実施したあと、どうなったかというと、私たちは10月から真備に月2回行き、出張カフェを持つようになった。玉島カフェについては経費（人件費除く）はすべて県がみてくれたのだが、それも今後は出ないということだったので、当時、発災後すぐに「みんつく」が被災地支援のために立ち上げてくれていた「ももたろう基金」に助成申請し、人件費以外の真備カフェの経費をそれで賄うことにした。

　行政も（予算はつけられないが）人的な協力をすると言ってくれて、何人かの専門職が来てくれるようになり、「真備カフェ（出張うさぎカフェin真備）」は始まった。真備カフェは、真備町の中の福祉サービス事業所の一部屋をお借りして、「被災した障がいのある子どもの親」を対象にゆるやかなイベントを盛り込む形で様子を見ながら始めた。しかし、これまた難しい場だということが、すぐにわかった。

　「被災した」の意味は、実際に自宅が被害に遭ったというだけではなく、通っていた学校が被災した、利用していた福祉サービス事業所が被災したため、そこのサービスが使えなくなった、等の間接被災者も含んでおり、対象者数は少なくとも300人以上いることになるのだが、このカフェの利用者数は伸びなかった。

クリスマス会の時は参加が多かったが、通常のカフェ時の参加者は、せいぜい、毎回4、5組といったところだ。いつも支援者の人数の方が多いくらいだ。それも、開始した当初のほうが参加が多く、回を重ねるごとに来所者は減っていった。

「難しい場」という意味は、以下のような点のことだ。

●借りたところでやらなければならないので、うちの持つノウハウを十分に発揮できない。

お借りしたお部屋は広さ的には十分であったし、ありがたいことに簡易キッチンもあったため、2回に1回は食事を提供するようにし、それ自体は良かったと思うのだが、現在のうさぎカフェに落ち着くようになる前、貸館の会議室を借りてカフェを行っていたころと同じ困難さがあった。

どうがんばっても、くつろぐ空気を上手に醸し出せないのだ。しかも借りた場所で臨時のカフェを開くというのは、どうしても「手ぐすね引いて待ち構えている感」が出てしまう。来る人も、気軽に来にくいだろう。

これが通常のうさぎカフェだと、もっとさりげなく迎えることができるので、来る人もあまり構えずに済む。場づくりというのはハコの影響が大きいということを、ここでもまた改めて確認することになった。

●プログラム作りが難しい。

「玉島カフェ」での経験から、「真備カフェ」では、かっちりしたプログラムを入れず、おしゃべりと、マッサージ等のリラクゼーションを中心にすることにしていた。企画ものは毎回一応用意したが、集中力をあまり必要としない、負担の少なめの、ちょっとしたクラフト程度にとどめた。

その方針は、２０１８年のうちは良かったと思うのだが、年を越したあたりから、それもあまり、ニーズというか空気に合ってないような気がしはじめた。

●外部から来てくれた支援者の人にやってもらうことがない。

「玉島カフェ」もそうだったが、「真備カフェ」でも、ことが「被災地支援」だけに、外部からの協力の申し出も多かった。県や市の関係部署からも人が来たし、ボランティアで来てくれる人も多かったのだが、その人たちに雑用以外でしてもらうことが見つけられなかった。

なにしろ、参加者が少ないのだから、支援者ばかりやたらいても、「寄ってたかって」のような感じになってしまって不自然だ。かといって、被災者に直接関わらなければ、わざわざ手伝いに来た人たちは「やった感」がないだろう。どうしたら良いのか、毎回ジレンマがあった。

私たちは来てくれる保護者の人たちにくつろいでもらうことに気を配るだけでなく、外部から来た人たちにも気を遣い、なんだか倍疲れてしまった。

こういうことは、被災地支援の初期段階ではよくあることではないかと思う。支援者側に「なにか役に立ちたい」の気持ちが強すぎて、受ける側がそれを受け止めきれないというミスマッチ。

私自身、発災以降の気持ちの先走りが多分にあったと思う。これはきっと私に限ったことではないと思うのだが、未曾有の災害を目の当たりにすると、人は「何かしたい」「何かしなければ」という思いが大なり小なり湧き上がる。そして何もできていないと、程度の差こそあれ、なんとなく罪悪感を感じるだろう。

しかし、この、「何かせずにいられない」というウズウズ感は、実は自分自身の内部の問題なのだ。その「ウズウズ」の解消のために衝動的に動くというのは、本当は良くないのだろう。もっと冷静に、ニーズを見極めた行動をとるべきなのだ。

しかし、災害という特別なできごとは、「非常時なんだし、やれることはなんでもやろうよ」というように、大きなエネルギーとなって人を駆り立ててしまう。その「なんでもやろう」精神は、むしろそれがあるからこそ被災地は大いに助けられるのだが、一方で、ちょっと間違うと、空回りしたり、かえって相手に迷惑をかけたりということも、たくさんあるのだと思う。そういう意味でも、実に難しい。

結局、外部の協力者は、私たちが充分な役割を割り当てることができなかったために、徐々に減っていった。特に、2019年4月以降は「一定の役割を終えた」と判断されたのだろう、激減し、2019年秋現在、真備での活動に関して、外部の協力者は一人もいない。

●移り変わる被災地支援フェーズを的確に感じ取り対応しなければならない。

真備に継続的に入っている障がい福祉関係の団体というのは、私の知る限り、うちの団体以外には、いない。発災以降、障がい福祉関係に限らず、真備に短期間入って何かやってくれた人たちは大勢いたが、発災から1年後まで継続的に活動し続けた団体というのは、それほどいないと思う。

これはしかし、別に悪いことでもないのだろう。被災地の支援フェーズが移り変わるにつれ、必要とされるものの質や量も変わっていくため、必要のなくなったものが順次去っていくというのは、当然のことだという気もする。

災害というのは常に起きているわけではなく、やはり特別なことなので、発災当初に必要とされたものが、時がたつにつれ不要になるのは当たり前であり、そこを見極めて、自分たちが不要になったと判断したら、退くのもまた大切だろう。

ただし、緊急時のニーズが無くなったということは、決して、被災地に支援が必要なくなったという意味ではない、ということなのだ。

「真備カフェ」に関して言えば、先に書いた通り、２０１９年に入ったとたんに参加者が減った。新聞で取り上げてもらったのだが、特に増えることはなく、２０１９年の春を迎えることとなった。

私たちは、年を越えてからというもの、参加者が求めているものがこちらの想像より も早く変わってきていることを、肌で感じていた。当初の混乱が少し落ち着き、被災者の関心は次へと向かっている。いつまでも「ゆるやかなプログラム」だの「おしゃべり」だけだのでは、もう来る理由にならないのだろう。

そして、いつまでも「被災者、被災者」と特別扱いされることも、なんでもかんでも無料であることにも、被災された方たちは望まなくなってきている。私たちは次の判断を迫られていた。

新しい春

私たちは2019年4月、つまり発災から9か月経過した新年度の始まりから、真備町での活動の方針を変更した。

真備へ行くことをやめたわけではない。それまでと同じように月2回定期的に入るのだが、やり方を以下のように変えたのだ。

私たちは、これまで粒浦の「うさぎカフェ」でやっていたイベントを、すべて真備町でやることにした。と、同時に、２０１８年10月から実施していた「真備カフェ」の形式をやめた。つまり、ただ単にカフェを開いて、お茶を出したり食事を出したり、という形をとるのをやめて、真備町に行くときは必ず「イベントの開催」で行くことにしたのだ。

真備カフェの様子

これまで、粒浦の「うさぎカフェ」では、毎月何かのイベントをやっていた。絵本セラピー®や、アロマセラピストの先生によるクラフトの講座、手づくりの保存食品を作る会など……。これらのイベントをすべて、粒浦でやるのをやめて、真備町でやる。

そのかわり、「被災者が対象」とか「被災された方は参加費無料」というのもやめることにし、すべて区別なく、通常通りのイベントとして行うことにした。つまり、会場が真備町になったというだけで、従来通りの「うさぎカフェ」主催イベントなので、市内外、どこからでも参加して良いことになった。

幸いにも、更に広くて使い勝手のよい会場が真備町の中に2つ見つかったのもあり、それらの会場を交互に使わせてもらいながら、「うさぎカフェ」でこれまでやってきたさまざまなイベントを真備町で開催していった。毎年やっていた企画に加えて、新たな企画も入れてみた。

このやり方にしてからというもの、最初は、参加者であるうさぎカフェのお客さんたちの間で戸惑いが見られた。「行くのに遠い」「子どものお迎えがあるから参加しづらい」等々、この新しいやり方のせいで、ご迷惑をおかけした点も多々あったと思う。

しかし、「うさぎカフェのイベントは真備町でやるんだ」と定着してきてからは、安定した。２０１９年秋現在、イベントはほぼすべて毎回、満席状態。人気のイベントになると告知から間もなく申し込みが次々入って、あっと言う間に満席になり、何人もお断りしなければならなくなるくらいだ。

新年度からの様子を見ていて、気が付いたことがいくつか、ある。

それは、3月までのように「被災者対象」としていないのにもかかわらず、毎回、被災された方が必ず何人か参加されているということだ。そして、イベント後の座談会の場で、他の方がご自分の状況をお話しされるのと変わりなく、ご自分の被災のことも、お話しされている。それは、ごく自然な感じだ。

しかし、聞いている人たちは、「あ、やはりまだ大変なんだな」と知ることができる。何よりも、イベント参加のために真備町に足を運ぶことで、復興の状況を、参加者はなんとなく感じ取ってくれていると思う。

私たちは、真備町でのイベントのたびに「何か必要な物はここで買って帰るとか、ガソリンはここで入れるとか、できることで復興に協力しましょう」と呼びかける。消極的かもしれないが、少なくともこの真備町で起きたことを忘れ去ってしまわないように……という働きかけにはなっているのではないだろうか。

そして、被災された方たちに関しては、何度もイベント時にお会いすることできているおかげで、その変化にもなんとなく気づけていると思う。それは、以下のようなものだ。

●発災後1年の節目が近づいてきた2019年初夏あたりからは、「暑くなってくると1年前のことを思い出してしまう」「緊急速報メールの音をきくと怖くなる」「今回の夏は、本当に大丈夫なの？　と心配になり、真備町に帰れない」等の言葉が聞かれた。
●発災後1年の節目を越えると、今度は焦りの声が聞かれるようになった。「他の世帯はもう真備に帰っているのに、うちは工事が遅れていてまだ帰れない」
●発災後1年3～4か月時点では、体調不良等、少し落ち着いてほっとした故なのか、精神的・肉体的な疲れが出てきている様子も見受けられた。

継続することの意味

たった月2回とはいえ、継続的に入らせてもらっているおかげで、いいこともあった。私たちがずっと定期的に来ることについて、ある被災された保護者さんがこんな風に言ってくださったことが、ある。

「あなたたちは、なんで真備に来てくれるの」

私は軽口を言うように「○○さんがいるからですよ！」と言ったけれども、それを笑いながら、嬉しそうに聞いてくださった。

また別の時には、復活した「真備・船穂総おどり」の時に、私が一緒に列に加わって踊っていたら「まあまあ、なんであなたここにいるの！」と声をかけてくださり、「真備に（わざわざ踊りに）来てくれたんじゃ」と喜んでくださったこと。

回数を重ねるたびに、心の距離が近づくのを感じる。そうすると、それまで決して話さなかったようなことまでお話ししてくださるようになり、私たちに助けを求めてきてくださるようになった。

次の災害に備えるために今、なにができるのか

真備での災害による学びはいくつもあったが、その中で、次に備えることについて、まとめておこうと思う。

●日ごろから、相談してもらえる関係性を作ること

災害が起きた時、障がい児のいる家庭の保護者が、誰も「助けて」と言ってこられなかったのは、日ごろからの信頼関係ができていなかったせいだと、あの時、私たちは深く反省した。これは私たちだけでなく、関係するすべての支援者が反省しなければいけないのではないかと思う。

本当に日ごろから心の通い合う信頼関係が結ばれていたならば、非常時には必ず、その人の顔が浮かんだはずだ。あの人なら助けてくれると信頼されていたならば「助けて」と言ってきてくれたはずだ。

先にも書いたことだが、平時にできていないことは、非常時にはもっとできない。時間をかけてくり返し関わり、信頼関係を結ぶことでようやく、ＳＯＳを出してもらえるようになる。こういう関係をもっともっと築いていかなければいけない。でなければ今後災害があった時も、また同じことが起きてしまうだろう。すべては何もない時から始めないといけないのだ。

●非常時に連絡できる態勢づくり

今、うちの法人では、ＬＩＮＥ公式アカウントを取得し、関わる保護者の皆さんには、なるべくＬＩＮＥ登録してもらうように推進している。真備町の災害のとき、多くの住民の方がＬＩＮＥグループで情報を得ていたからだ。もしそこでつながっていてくれれば、個々にチャットで連絡をとり、必要な情報を提供してあげられるかもしれない。

●実際に災害が起きた時に、どう救うのか

今回の災害で、障がいのある子どもを連れた家族は、まったくと言っていいほど避難所に入らなかった。それは、なぜなのか。

玉島カフェでの記録を読んでいただければ察してもらえると思うが、大勢人のいる場に入りにくい子どもを連れていると、親は、避難所に入ることを選択肢からはずしてしまう。これは、無理からぬことだ。実際、入って30分で静かにしろと怒られて出てきた親子もいる。

こういう「災害弱者」を、今後、また災害が起きたときにどのように支えて行くのか。これは、私たちの力だけでは難しい。いくら連絡先を把握していても、私たち自身が、非常時に助けてあげられる力や適切な知識の持ち合わせに乏しい。そこで重要になってくるのが、被災地支援団体や、防災関連団体との関係づくりだ。

私は今、真備町で2週間に1度行われている災害支援ネットワーク会議になるべく足を運ぶようにしている。他の団体さんが何をしているかを聞いたり、復興状況とその中で出てくる課題がどのようなものであるかに耳を傾けたり、そして必ず、うちの団体が今、真備町で何をしているのかも、お話しさせていただくようにしている。

なぜ障がい児保護者支援団体が被災地支援団体と関わろうとするのか、と思う向きもあると思うが、いざという時助けてくれるのは、この人たちだ。私たちはその力を借りないといけないし、知識ももらわないといけない。私たちのことも、知っておいてもらい、共に考えることができれば、次の災害への備えになると考えている。

●大事なのは「忘れないこと」

次の災害に備えるのに、一番大事なことは、前の災害であったことを忘れないことなのではないかと思う。これは決して、感傷の情だけで言っているのでは、ない。あんなに大変だった。あんなに大勢の生活が変わってしまった。何千人もの被災者がいまだ自宅に帰れておらず、癒えない心の傷に苦しんでいる。今回被災しなかった地域の人であっても、次に自分と自分の子どもが、その立場にならないと、どうして言えるだろうか。

次から次へと大規模な災害が起きる昨今、前の災害のことはどんどんかすんでしまい、忘れ去られて行ってしまう。しかし、起きたことの中にこそ、次につながる学びがある。折に触れて思い出す機会を持ち、次にどう備えるのかを、立場を超えて共に考える機会を持つこと。これこそが、「次の災害に備えて、今、できること」なのではないだろうか。

災害が起きた時に障がい児・者のいる家族を、どうしたら救えるのかの結論にはまだたどりつけていないが、何もせずに漫然と、次の災害までの日々を送るのではなく、平時だからこそできることを、これからも少しずつ積み上げていきたい。

私たちの今後

２０１６年4月に倉敷市粒浦で「保護者の居場所うさぎカフェ」を立ち上げて以来、現在４年目。私たちは、ここには書かなかったものの、カフェ以外にもさまざまな保護者支援活動を展開している。２０１９年11月には、ＮＰＯ法人化して5周年の節目を迎えた。

日ごろから一生懸命考えて活動を作ってきたつもりだが、真備町の発災以降、さらにいろいろと学ばせてもらったと思う。結局は、非常時に活きてこないような活動ではダメなのだということ。そのためには、常日頃から丁寧な心のこもったかかわりが必要なのだということ。

そして、今後について、どうしても必要なことがある。それは、私たちの力だけではこの活動は限界があるということなのだ。

連携のステージへ

私たちは、法人化して5年、ある一定の成果を上げてきたといえるかもしれない。しかし、今後は、今までのやり方だけでは、ダメだと思っている。なぜなら、私たちがいくら努力して丁寧な支援をしようとしても、今現在、あちこちで、わが子の「障がいの疑い」を指摘されて悩み苦しむ親が次々と生み出されており、その増加の勢いがすさまじすぎて、私たちだけでは、到底追いつけないからだ。

本当に障がいがあるかないかはともかくとして、今の時代は、子どもの発達に不安を感じている人であふれている。その人たちを全員、私たちがケアすることはできない。

今後必要になってくるのは、他機関・他団体との連携になる。多くの人たちと連携し、障がい児だけに限らず育児不安全般に対応していく「仕組み」づくりが必要となっていると感じている。

正直、今の「うさぎカフェ」には、間違いなく障がいのある子どもの親からの相談と、「障がいがあるのかどうかわからない」子どもの親からの相談、さらに言えば障がいでもなんでもないけれど、育児不安を抱えた親からの相談も、次々に来ている。育児不安であれば、受け止め手が他にもいるはずなのに、うちに来るのはなぜなのか。

そのあたりをひも解くのはここではやめておくが、障がいであろうとなかろうと、子育てに困難を感じる人が多い時代なのは、事実だ。そういう状況に、子育て支援や母子保健、教育、そして障がい児支援、さまざまな立場の人間が手をたずさえて、向き合わないといけない局面が今まさに来ている。待ったなしの状況だ。

私たちは、自分たちのできること以外のことを無理してやろうとしているのではない。自分たちの得意分野を、他団体、他機関の人たちの専門性と持ち寄ることで、より多くの人をサポートできる「仕組み」をまず作ることが必要だと思っている。

そして、「仕組み」として多くの親の不安感を受け止めることができるようになれば、その中に「障がい児の親」に特化した支援が必要になる人たちが一定数いるはずなので、そこを私たちは担っていきたいと思う。

私たちが目指しているのは、地域で、障がいのある子であっても安心して子育てできる環境を作ることだ。孤立する人を一人でも減らしたい。障がいのある子を育てるということの困難さは、ぱっと取ってあげられるような簡単なものではないし、障がい児の子育てにまつわる葛藤のプロセスは、省略させてあげればいいというものでもない。人は子育てを通して自分に向き合い、人として成熟していくのだから、ショートカットできる楽な道など、存在しないのだと思う。

しかし、そばにサポートする誰かがいるだけで、険しい道を歩む苦しさは、少し和らぐはずだ。私たち自身、そういう支えをいただきながら、なんとか乗り越えてきた。そういう支えを、どの人にも、届けられるようにしたい。それが私たちの今後の10年の仕事だと思っている。

うさぎカフェ、玄関

まとめに代えて

この本をここまで読んでくださった皆さんに、心からお礼を申し上げたい。最後に、法人のフェイスブックページに書きためている短文の中から一つ選んで、まとめに代えてここに掲載しようと思う。たくさん悩み苦しみ、それでもがんばっているお母さんたちへの、エールの気持ちを込めて。

お仕事で児童発達支援センターに行くと多くの、不安げな、時に目に涙をためているお母さんたちに出会います。

朗らかに笑って話していても、書いている内容を見ると不安に満ちています。

「子どものここを直したい」とか「ここをがんばってほしい」とか、その陰には、できないことばかりが目について、先の見通しがまるで持てず、子どもの将来について言い知れぬ不安を感じている、お母さんたちの気持ちが見えます。

　できないところが一つでも多く消えていけば、未来がちょっとは見えるようになると思っているかのようです。

　みんな若くて、痛々しいくらい心細げです……。

　あるお母さんはカフェにお子さんを連れてきてくれました。一緒に遊んで、私たちも抱っこさせてもらって。

　そのお母さんが帰られるとき「いい子たちじゃなぁ、上手に子育てされとるなぁ」って感想を言ったら
「いいえ、いつも怒ってばかりで……」

　と帰られましたが、後からメールで、

「めったに褒められることがないから、なんだかホッとしてしまって」

「またがんばれそうです」

　って……。

　手が足りない、と感じます。

もっと声をかけて、話を聞いて、大丈夫だよって言ってあげたい。

全然手が届いていない。

実際には、もっと何十倍もの人たちが、一人きりで悩んで、誰にもがんばりを認めてもらえず、自分のしていることに自信も持てなくて困って、立ち尽くしている。

それどころか、見ず知らずの他人から、下手な子育てだと批判される。

あるお母さんが泣くように言われました。「じゃあ、どうしたらいいか教えてよ！　批判するだけじゃなくて！」

この言葉を、私たちは全員、考えるべきなのです。

年若い親たちを、未熟だからと言って無責任に批判ばかりしていないか。

批判などしても何も生まないのだということを。

良くないと思うなら、何か自分にできることはないのか、一人ひとりがもっと考えなければ。

じゃないと、届かない。こんなにも多くの困っている人たちに、支えの手も、導きの手も、癒しの手も、届かないのです。

法人の総会での集合写真

私たちみんなが、もっと真剣に、自分にできることはなんなのか……考えるべきなのです。

子どもは、未来の担い手。その担い手を育てている人たち一人ひとりに行き渡る温かな支援の仕組みを築きたい。そのための一歩を、ここからまた、踏み出していこうと思う。

（おわり）

著者プロフィル

安藤希代子（あんどう　きよこ）

認定NPO法人ペアレント・サポートすてっぷ理事長。
1970年（昭和45年）生まれ、名古屋市出身、一男一女の母。愛知大学経営学部卒業。夫の転勤により宮城県仙台市で4年間を過ごした後、1999年に岡山県倉敷市に転居し、現在に至る。2004年より倉敷市特殊学級親の会（現在の倉敷市特別支援学級親の会）で7年間役員として活動したのちに2012年、任意団体「ペアレント・サポートすてっぷ」を設立。2014年にNPO法人化し、2019年に倉敷市初の認定NPO法人となる。倉敷市粒浦の「保護者の居場所うさぎカフェ」で年に1,200人超の来所者を受け入れながら「倉敷子育てハンドブックひとりじゃないよ」の発行やアウトリーチ型支援「出前茶話会」、相談支援ファイル「かがやき手帳」をツールとした支援者育成事業や西日本豪雨災害の被災地真備町での復興支援活動など、障がい児の保護者の支援に特化した活動をさまざまに展開している。

ひとりじゃないよ
倉敷発・居場所づくりから始まる障がい児の保護者支援

2020年3月31日　発行

著　者　安藤 希代子
発　行　吉備人出版
〒700-0823 岡山市北区丸の内2丁目11-22
電話 086-235-3456　ファクス 086-234-3210
ウェブサイト www.kibito.co.jp
メール books@kibito.co.jp
印　刷　株式会社三門印刷所
製　本　株式会社岡山みどり製本

© ANDO Kiyoko 2020, Printed in Japan
乱丁本、落丁本はお取り替えいたします。ご面倒ですが小社までご返送ください。

ISBN978-4-86069-616-0　C0095